향신료 전쟁

지은이 최광용

향신료의 역사와 매력에 푹 빠진 독립 연구자. 30여 년 동안 전 세계 80여 개국을 돌아다니며 비즈니스와 여행을 병행했다. 특히 유럽, 중동, 아프리카, 동남아시아에서 지낼 때에는 현지인들과 깊이 어울렸고 그러다 보니 그곳의 문화와 역사, 미식과 향신료에 대해 큰 호기심을 갖게 되었다. 해외 서적과 자료를 찾아 독학하면서 제국주의와 세계화는 물론이고 결과적으로 우리나라의 식민지 역사도 그 근원에는 향신료를 차지하기 위한 유럽 열강의 경쟁이 있었음을 깨달았다. 그렇게 보고 듣고 맛보고 배우고 느낀 향신료의 매력과 그를 둘러싼 흥미진진한 역사 이야기를 독자들과 공유하기 위해 이 책을 썼다.

향신료 전쟁

초판 1쇄 발행 2024년 8월 23일 | **초판 2쇄 발행** 2024년 9월 30일

지은이 최광용
펴낸이 이상훈
인문사회팀 최진우 김지하
마케팅 김한성 조재성 박신영 김효진 김애린 오민정

펴낸곳 ㈜한겨레엔 www.hanibook.co.kr
등록 2006년 1월 4일 제313-2006-00003호
주소 서울시 마포구 창전로 70(신수동) 화수목빌딩 5층
전화 02-6383-1602~3
팩스 02-6383-1610
대표메일 book@hanien.co.kr
ISBN 979-11-7213-100-5 03900

※ 책값은 뒤표지에 있습니다.
※ 파본은 구입하신 서점에서 바꾸어 드립니다.

향신료 전쟁
세계화,
제국주의,
주식회사를
탄생시킨
향신료
탐욕사
최광용 지음
SPICE
WAR

추천사

✻

한국은 세계 최초로 '먹방'이라는 트렌드를 만들어 낸 나라다. 그만큼 즐겁게, 잘 먹고 또 먹을거리에 관심이 많다. 그렇다면 맛의 본질은 무엇일까? 좋은 식재료와 훌륭한 조리 방법, 그리고 특별한 '향신료'에 있다. 소금은 짠맛, 설탕은 단맛, 고추장은 매운맛. 이것들을 잘 조합하면 '단짠단짠' 다양한 맛이 만들어진다. 간장도 짜지만 소금과는 다른 맛을 내는가 하면 후추의 유무가 맛의 풍미를 좌우하기도 한다.

그런데 이러한 향신료를 두고 인류는 지난 수백 년간 엄청난 경쟁을 벌였다. 포르투갈은 대서양을 개척함으로써 베네치아를 밀어내고 향신료 시장을 독점했다. 그 기간이 무려 100년. 네덜란드와 영국, 프랑스 등이 뒤를 이었고 그 결과 영국은 인도에서 말레이시아와 중국으로 이어지는 거대한 항로의 지배자가 되었다. 향신료의 역사는 단순한 맛의 역사가 아니다. 향신료를 확보하기 위해 네덜란드인들은 주식회사를 만들었고 영국과 프랑스는 제국주의 국가로 거듭났으며 그 결과 세계는 하나가 되었다. 향신료 때문에 세계화가 이루어졌다고 해도 과언이 아니다.

저자는 이처럼 단순하지만 본질적인 이야기를 재미있고 유쾌하게 풀어 간다. 맛을 향한 인간의 욕망이 전쟁을 낳았고, 격렬한 싸움의 본질적인 부분을 바꾸어 놓았다는 발상이 흥미롭다. 언제나처럼 맛있게 먹되 더불어 이 책을 펼치고 그 맛의 진정한 의미를 살펴보자. 우리의 지성과 마음을 풍성하게 살찌우는 좋은 책이다!

_심용환(역사학자, 심용환역사N교육연구소 소장)

들어가는 말

*

세계사를 뒤바꾼 매혹과 잔혹의 향신료 오디세이

건설 회사에서 일하던 나는 1980년대 초 스리랑카 지사로 발령 받았다. 당시 회사는 중동과 동남아시아 지역 나라들과 계약을 맺고 공사를 진행했는데, 인도양의 작은 섬나라 스리랑카에 새로 진출한 상태였다. 차茶로 유명한 나라, 실론Ceylon이라는 옛 이름으로 기억되는 이 나라는 1972년에 영국의 오랜 식민 통치에서 벗어나면서 국호를 스리랑카Sri Lanka로 바꾼 신생 독립국이다.

스리랑카에서 일하면서 새로운 사실을 많이 알게 되었다. 현지 비서는 자신을 다수 종족인 '싱할라'나 '타밀'이 아닌 '버거Burger'로 소개했다. "종족 이름이 '버거'인가요?" 하고 물으니 "아니에요, 여기서는 혼혈인을 그렇게 불러요"라는 대답이 돌아왔다. 그러고 보니 피부색이 현지인들과 달리 백인에 가까웠다. 역사를 보면 그럴 만도 하다. 스리랑카는 16세기 초부터 무려 440여 년 동안 유럽의 세 나라, 포르투갈, 네덜란드, 영국의 식민지로 보냈다.

1505년, 포르투갈 함대가 도착한 이래 스리랑카는 135년간 식민 통치를 받다가 1640년에 포르투갈을 물리친 네덜란드의 지배를 받는다. 1815년에는 영국이 들어와 네덜란드를 몰아내고 식민지 삼았다. 이들 국가의 식민 지배 흔적은 지금도 남아 있다. 스리랑카에는 포르투갈과 네덜란드 성씨를 가진 사람과 혼혈인이 많다. 영국은 123년간 통치하면서 영국식 사회제도와 차밭, 그리고 고무 밭을 남겼다. 문득 이유가 궁금해졌다. 서구 열강들은 무슨 이유로 이 먼 나라까지 몰려와서 식민지를 건설했을까?

이 책은 이런 호기심에서 출발했다. 나는 스리랑카를 시작으로 해외 여러 나라에서 일한 경험이 있다. 동남아시아의 말레이시아, 인도네시아, 태국, 베트남, 그리고 아프리카의 앙골라, 에리트레아 등지에서 살면서 인도, 파키스탄, 방글라데시 등을 여행했다. 모두 '향신료 이야기'의 주 무대가 된 나라들이다.

아시아의 향신료는 유럽의 문화에 큰 영향을 미쳤다. 자국의 식민지였던 인도 음식과 향신료에 매료된 영국인들은 이 중 몇몇을 섞어 영국 음식에서 감초 역할을 하는 커리 파우더Curry Powder(카레 가루)를 만들었다. 향신료는 내게도 무척 익숙하다. 한국에 들어와서도 여전히 카레 가루를 사용하고, 정향Clove을 넣은 인도네시아식 크레텍Kretek 담배를 애용한다.

우리의 입맛을 사로잡은 향신료는 유럽을 넘어 세계의 역사를 바꾸어 놓았다. 수많은 모험과 신화를 낳았으며 때로 무역과 전쟁의 시발점이 되었다. 이 책에는 향신료와 얽힌 다양한 이야기가 등장한다. 1588년, 영국과 함께 스페인 무적함대와 맞서 싸운 해적 프랜시스 드레이크Francis Drake는 동시대 조선의 명장 이순신에 비할 만한 영웅이었다. 그리고 그 배경에는 다름 아닌 향신료 무역로Spice Route 확보를 위한 치열한 경쟁이 있었다.

1653년, 하멜과 동료들은 일본으로 향하던 중 폭풍을 만나 제주에 도착한다. 이들은 상당수 억류되어 고초를 겪다가 사망하고 하멜과 동료 몇이 가까스로 살아남아 탈출한다. 후에 《하멜 표류기》로 유명해진 그는 동양에서 차와 도자기, 향신료 등을 사들여 유럽에 파는 네덜란드 '동인도회사VOC, Vereenigde Oost-Indische Compagnie' 직원이었다.

동인도회사는 1600년에 영국에서 처음으로 만들어졌고 2년 후 네덜란드는 주식회사 형태로 설립하여 운영했다. 그 후 프랑스와 덴마크, 스웨덴 등이 앞다퉈 동인도회사를 만든다. 이들 동인도회사는 아시아 지역과의 무역을 목적으로 세워져 서로 치열하게 경쟁했다. 특히 영국 동인도회사HEIC, Honourable East India Company와 네덜란드 동인도회사의 경쟁은 두 나라 간 전쟁으로 이어지기까지 했다.

향신료는 주요 교역 품목 중 하나로 당대 국제 질서는 물론 세계사의 흐름을 뒤바꾸었다. 이처럼 향신료는 세계 정치, 경제, 문화 등 다방면에 큰 영향을 미쳤음에도 우리에게는 여전히 낯선 존재다. 한국인 중 상당수는 후추나 정향과 육두구Nutmeg 등이 어디에서 어떻게 생산되는지 잘 모른다.

나는 그동안 주요 향신료 산지이자 유럽 열강의 식민지였던 나라들에 상주하면서 그들의 역사와 문화를 몸소 경험했다. 대항해 시대와 식민 시대의 역사에 향신료가 끼친 커다란 영향을 목격하면서 놀라움을 금치 못했고 한편으로는 세계사를 새로운 눈으로 보게 되었다. 그렇게 향신료에 큰 호기심을 갖게 된 나는 여러 외국 서적과 인터넷을 뒤져 가며 향신료 무역사를 공부하기 시작했다. 그리고 그 과정에서 우리가 익히 알고 있는 역사 이면에 숨은 흥미진진한 이야기를 많이 만날 수 있었다. 그 이야기를 통해 미지의 세계와 마주한 인간 군상의 흥분과 용기, 혼란과 두려움, 시기와 질투, 무엇보다 한계를 모르는 탐욕을 엿볼 수 있었다. 어쩌면 향신료를 향한 인간의 욕망이 세계화와 제국주의를 꽃피웠는지도 모르겠다. 그리고 그 연장선에 일제 강점기라는 우리의 아픈 역사가 닿아 있다고 생각하니, 향신료 전쟁 이야기가 더욱 특별하게 여겨졌다. 부디 독자들도 그랬으면 좋겠다. 나의 특별한 경험이 담긴 이 책이 유익한 역사 기행이자 문화 탐방이 되기를 기대한다.

차례

3장 북방 항로는 새로운 돌파구가 될 것인가

4장 네덜란드와 영국의 향신료 전쟁

5장 피로 물든 향신료 제도, 승자는 누구인가

6장 세계로 뻗어 나가는 향신료의 모험

부록 알면 알수록 더 향긋해지는 향신료 이야기

1장

향신료를 찾아 대항해 시대가 열리다

검은 보물과 인도 항로의 개척자들

실론, 그러니까 지금의 스리랑카는 인도 남부에 있는 물방울 모양의 섬이다. 북쪽 자프나반도를 정점으로 양쪽으로 길게 해안이 뻗어 나가는데 서쪽 해안 중간 지점에 수도 콜롬보가 있다.

콜롬보가 면한 인도양은 망망대해로 동쪽으로 인도차이나반도, 서쪽으로 아프리카 대륙이 있다. 스리랑카에서 서쪽 바다로 직선을 그으면 아프리카의 소말리아에 닿을 것이고 각도를 남으로 조금 틀면 마다가스카르, 북쪽으로 틀면 아라비아반도에 닿을 것이다. 그 사이에 육지는 없다. 실로 끝없이 넓은 바다다. 중세 유럽으로 돌아가 범선으로 여행한다면, 운이 좋아 계절풍의 도움을 받아도 달포가 더 걸리는 거리다.

1497년 7월, 포르투갈 사람 바스쿠 다가마Vasco da Gama가 꾸린

4척의 선단이 리스본에서 출항을 시작했다. 인도로 가는 항로를 개척하기 위해서였다. 유럽에서 인도로 가려면 대서양과 아프리카 대륙을 거쳐야 한다. 당시까지 아무도 가 본 적이 없는 길이었다. 바스쿠 다가마는 아프리카 서안西岸을 따라 남하하여 최남단인 아굴라스곶(희망봉 동남부)에 이르렀다. 아프리카 동해안으로 항해를 계속해 모잠비크를 지나 케냐의 말린디항에 도착했으며 그곳에서 운 좋게 아랍인 안내인을 만났다. 그의 도움으로 인도양을 건넌 선단은 이듬해 5월 인도 남서쪽 해안의 코지코드(당시 지명은 캘리컷)에 도착했다. 당시 인도양 항해 일수는 23일로 계절

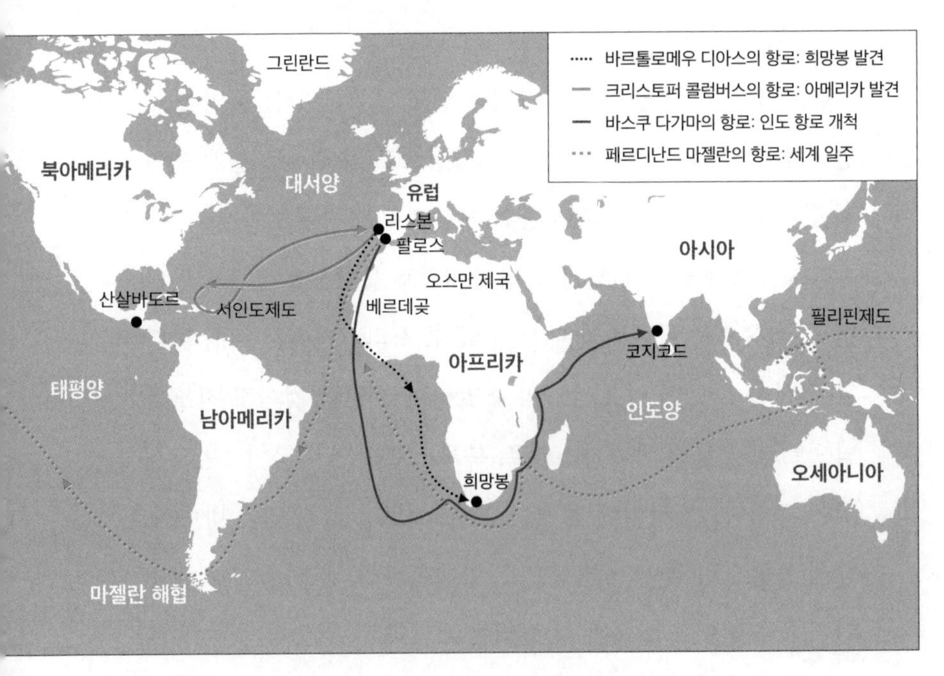

15~16세기 신항로를 개척하기 위해 미지의 항해를 떠난 모험가들의 경로.

풍의 도움을 받아 매우 빠른 속도였다. 코지코드는 위도상으로 스리랑카보다 위에 있다.

인도양은 내게 아주 특별한 바다다. 콜롬보에 살던 수십 년의 세월 동안 그 앞에서 많은 시간을 보냈다. 지는 해를 마주하며 삶의 사념들을 추스르던 기억이 선명하다. 반짝이는 바다의 도도한 물결 위에 떨어지던 낙조落照는 해안가 건물들의 유리창을 붉은 화염으로 훨훨 타오르게 했다.

인도양은 오랫동안 유럽인들에게 꿈의 바다였다. 바스쿠 다가마가 인도 항로를 개척하기 전인 1492년, 이탈리아 제노바 출신의 크리스토퍼 콜럼버스Christopher Columbus 역시 인도로 가기 위해 배를 띄웠다. 스페인 카스티야 이사벨 여왕의 후원을 받은 그는 지구가 둥글다는 말을 믿고 서쪽으로 향했고, 오랜 항해 끝에 중앙아메리카의 바하마제도 산살바도르 지역에 도착했다. 그곳이 인도라고 생각한 콜럼버스는 곧바로 원하던 것들을 찾아 나섰다. 그러고는 얼마간의 황금, 현지인 몇 명과 함께 스페인으로 돌아갔다.

최초로 인도 항로를 개척한 사람은 바스쿠 다가마였다. 그는 목적지인 인도를 거쳐 리스본으로 돌아가기까지 2년간 4만 2000킬로미터를 항해했다. 함선 4척에 170명의 인원으로 출항했으나 귀국할 때는 2척의 배와 생존자 55명뿐이었다. 그렇다면 바스쿠 다가마는 왜 이토록 무모한 항해를 감행했던 걸까? 포르투갈 국왕은 왜 도박에 가까운 모험에 막대한 투자를 했을까?

크리스토퍼 콜럼버스의 초상화. 그는 이탈리아 사람이었지만 스페인의 후원을 받아 항해를 시작했고 아메리카 대륙을 발견했다.

콜럼버스와 바스쿠 다가마 이후로도 많은 배들이 스페인과 포르투갈 항구를 떠났다. 한 세기가 지난 후에는 네덜란드와 영국에서도 탐험이 줄을 이었다. 항해 중에 많은 사람이 죽었으나 모험을 멈추지 않았다. 그들이 인도로 가려고 목숨을 건 데는 여러 이유가 있었을 테지만 그중 하나가 바로 향신료였다. 콜럼버스가 결국 찾지 못한 것도 유럽인들이 열광하는 향신료인 후추였다.

인도에 도착한 바스쿠 다가마는 '검은 보물' 후추를 싣고 귀국했다. 바스쿠 다가마는 수백 배의 이윤을 남겨 그의 항해를 지원한 왕 마누엘 1세에게 보답했고 그 자신은 귀족 작위를 받았다. 바스쿠 다가마의 첫 항해 이후 인도 원정대가 줄을 이었다.

바스쿠 다가마의 초상화. 그는 2년간 4만 2000킬로미터를 항해하여 인도 항로를 개척한 최초의 인물이다.

1505년에는 그중 한 선단이 앞서 항로를 따라 아시아의 다른 곳에 가려다가 스리랑카 해안에 도착했다. 남쪽 해안 도시인 갈레Galle, 지역민들은 '골'이라 부르는 지역이었다.

스리랑카는 이후 향신료, 특히 시나몬Cinnamon의 원산지인 낙원의 섬으로 유럽에 알려졌다. 그러나 안타깝게도 유럽인들의 향신료 사랑은 식민 지배라는 안타까운 결과를 낳았다. 포르투갈인이 도착한 이후 스리랑카는 유럽 여러 나라로부터 식민 통치를 받았다. 포르투갈 다음으로 네덜란드가, 이어서 영국이 통치했다. 영국의 식민 지배에서 독립한 해가 1948년이니까 1505년부터 무려 443년 동안이다. 이들 국가가 지배한 순서는 대체로 아시아에서 그들 국가가 가졌던 영향력의 흐름과 비슷하다.

갈레는 유서 깊은 항구이자 관광지로 스리랑카 남단에서 가장 큰 도시다. 한때 이 도시는 재난의 현장이었다. 2004년 12월, 인도네시아 수마트라섬 서북 해역에서 진도 9.0이 넘는 강력한 지진이 발생한다. 이후 발생한 지진 해일(쓰나미)이 스리랑카 해안을 덮쳤다. 사망자만 4만~6만 명에 이르고 수십만의 가옥이 파괴되었다. 갈레도 큰 피해를 보았다. 스리랑카에 주재하고 있던 나는 사고 수습에 참여하면서 참상을 직접 목격했다.

수십 명의 의료진과 함께 의료 봉사를 했고 한국 새마을운동본부를 도와 이재민에게 집을 지어 주는 등 이재민 구호에 참여했다. 회사 차원에서 구호금을 걷어 구호물자와 함께 전달하기도 했다. 당시 내가 회장을 맡고 있던 스리랑카 한인회에서도 구호용 쌀을 보냈다.

스리랑카 갈레에 위치한 더치 포트 유적. 유네스코 세계 유산에 등재되어 있다.

갈레에는 더치 포트Dutch Fort라는 유적이 있다. 1588년 포르투갈이 건설한 요새로 17세기 중반에 네덜란드가 포르투갈을 몰아내고 이곳을 점령하면서 확장했다. 다국적, 다민족의 문화가 녹아 있는 역사의 현장으로 역사적, 고고학적, 건축학적 가치를 인정받아 현재는 유네스코 세계 유산에 등재되어 있다. 2004년에 지진 해일이 이곳까지 밀려왔지만 다행히 크게 훼손되지 않아 복구도 쉽게 이루어졌다. 최근에 방문했을 때도 예전 그 모습을 유지하고 있어 안심했던 기억이 있다.

향신료를 향한 유럽의 욕망들

중세 유럽에서 부유한 귀족, 특히 왕가에서는 귀한 동양의 향신료로 음식을 조리했다. 구하기가 어려워 값도 무척 비쌌다. 로마 시대 때부터 써 왔다고는 하지만 소수만이 구할 수 있는 특별한 재료였다.

음식 조리에는 수백 가지 향신료가 쓰였는데 특별히 귀하게 여기는 것이 스파이스Spices, 즉 후추Pepper였다. 후추는 육류의 냄새를 잡아 주고 육류를 오래 저장할 수 있게 해 주지만 여러 약효를 지니고 있다고 여겨지기도 했다. 또 다른 귀중한 향신료가 정향과 육두구, 그리고 시나몬이었다.

당시 후추 한 알 값이 진주 한 알과 비슷했다고 하니 동양에서 온 향신료의 가치가 어느 정도였는지 짐작할 만하다. 그러나

육두구 열매와 씨. 열매가 완전히 익으면 갈라져서 붉은색 씨가 드러나는데, 씨껍질을 제거하고 말려서 가루로 만들어 사용한다.

당시 유럽인들은 향신료에 대한 구체적인 지식이 없었다. 그 물건이 어디에서 왔느냐는 질문에 그저 아시아에서 왔다고 대답할 뿐, 해당 향신료가 어느 지역의 어떤 식물에서 유래하는지 몰랐다. 안다고 해도 구할 길이 막막했다.

후추와 시나몬은 인도에서 온다는 걸 알았지만 너무 멀어 엄두를 낼 수 없었다. 육지로 이어져 있으나 길이 험하고 오가는 동안 강도를 만나 물건을 빼앗기거나 목숨을 잃을 가능성이 컸다. 무장하고 무리 지어 갈 수도 있겠으나 인도까지 가려면 오스만 제국의 영토를 거쳐야 하는데, 이슬람교도인 그들이 이교도의 출입을 허락할 리 없었다. 남은 가능성은 배를 타고 가는 것이었지만 바스쿠 다가마 이전까지 인도로 가는 바닷길은 전혀 알려지지 않았다.

사정이 이렇다 보니 후추 같은 향신료는 베네치아 상인들한테 사는 수밖에 없었다. 지중해 무역의 중심지였던 베네치아는 중동 지역과의 교류를 통해 유럽에 아시아 상품을 공급했다. 베네치아로 운송되는 물건의 선적지는 대개 지중해 건너 중동의 알렉산드리아와 오스만 제국의 콘스탄티노플이었다. 당시 아랍의 상인들은 낙타 등에 향신료를 비롯한 아시아의 상품을 싣고 사막을 건너 알렉산드리아로 왔다. 이곳에 집결한 물건들은 지중해를 건너 베네치아에 도착했다. 특히 아시아의 향신료는 부르는 게 값이었고 덕분에 베네치아 사람들은 엄청난 부를 쌓았다.

한편 이베리아반도의 포르투갈 왕국은 척박한 땅에 인구도 100만이 될까 말까 한 나라로, 이웃 강대국인 스페인의 억압 아래 눈칫밥을 먹고 사는 변방의 약소국이었다. 반도의 오른쪽 지중해는 오스만 제국과 아라곤 공국(스페인 땅의 여러 공국 중 하나), 그리고 베네치아가 장악하고 있었고 포르투갈이 면한 망망대해 대서양은 그 끝을 알 수 없는 미지의 세계라 항해할 엄두를 내지 못했다. 그래서 조심스레 남쪽 아프리카 연안으로 진출하여 그곳 사람들과 소규모 교역을 하면서 먹고살 궁리를 하는 게 고작이었다.

후추나 정향 같은 향신료는 구경조차 할 수 없는, 그들과는 상관없는 물건이었다. 그러다 이웃 나라 스페인 카스티야 왕국 이사벨 여왕의 후원을 받은 콜럼버스가 망망대해 대서양을 건너 인도에 다녀왔다는 소식을 들었다. 향신료 후추를 얻으러 갔다가 찾지 못하고 대신 황금 등 귀한 물건들을 가져왔다고 했다.

정향은 정향나무의 꽃봉오리를 말린 것으로 작은 못을 닮았다.

포르투갈은 조바심이 났다. 사실 포르투갈도 콜럼버스 이전에 아프리카 서해안 남단까지 항해한 귀중한 경험이 있었다. 국왕 주앙 2세는 바르톨로메우 디아스Bartolomeu Dias에게 전설의 기독교 나라인 에티오피아를 찾으라고 명했다. 1487년에 출항한 바르톨로메우의 선단은 결국 에티오피아를 찾지는 못했으나 아프리카 서해안 남단 희망봉 근처까지 항해하고 돌아왔다. 뒤이어 바스쿠 다가마가 국왕 마누엘 1세의 후원으로 후추를 찾아 인도양 항해에 나섰을 때 바르톨로메우도 동행했다.

지구가 둥글다고 믿었던 콜럼버스는 서쪽으로 계속 가다 보면 인도와 만날 거로 생각했지만, 바스쿠 다가마는 바르톨로메우 디아스의 경험에 힘입어 아프리카 남단을 돌아 인도로 가고자 했다. 훗날 영국은 서쪽도 남쪽도 아닌 북극을 통과하는 인도 항로를 개척하려고 했다. 이 선단은 결국 북극의 얼음에 갇혀 거의 모두 얼어 죽었다. 지금 생각하면 어이가 없을 정도로 무모했던 계획이다. 대항해 시대에는 이처럼 유럽 여러 나라가 각자의 방식대로 항로 개척에 나섰는데 목적은 하나였다. 바로 후추, 정향, 육두구 등의 향신료였다.

포르투갈이 가장 앞섰다. 유럽 최초로 인도양 항해에 성공했고 덕분에 안정적인 후추 공급처를 확보했다. 그들은 계속해서 선단을 보냈다. 항로를 개척한 바스쿠 다가마는 후일 인도 총독 겸 부왕副王으로 임명되어 전권으로 포르투갈 통치 지역을 다스리다가 그곳에서 열병으로 죽었다. 한편 콜럼버스는 몇 차례 항해를 계속하면서 향신료를 찾아다녔다. 그러다 원래 찾으려던 것 대신 매운 향신료인 고추를 가져왔다. 결국 그는 스페인에 아메리카 신대륙 발견이라는 영광을 안겨 주고는 1506년에 사망했다. 애석하게도 그는 죽을 때까지도 자신이 도착했던 곳이 인도라고 생각했다. 오늘날 그의 유골은 우여곡절 끝에 스페인 세비야 대성당에 안치되어 있다.

포르투갈은 인도로 가다가 뜻하지 않게 스리랑카에 상륙하게 되었는데 그곳이 시나몬의 원산지라는 사실을 알게 됐다. 이후로 스리랑카는 150여 년간 시나몬 공물을 바치는 식민국으로 전락했다. 앞서 언급한 더치 포트가 대표적인 식민지 유적이다. 스리랑카에는 식민 시대의 유산이 많이 남아 있다. 그중에는 '이름'도 있다. 현재 스리랑카에는 포르투갈 '성姓'을 가진 사람들이 흔하다. 내가 알고 지내는 사람만 해도 상당수다. 열거하면 실바Silva, 페르디난드Fernando, 페헤이라Ferreira, 알메이다Almeida, 코스타Costa, 폰세카Fonseca, 코헤이아Correia, 멘데스Mendes, 카브랄Cabral, 테이

셰이라Teixeira, 타보르다Taborda, 알베스Alves, 디아스Dias 등이다. 아마 내가 사장으로 있던 회사에서도 "어이, 실바" 또는 "페헤이라" 하고 소리쳐 부르면 두세 명이 동시에 돌아볼 정도였으리라.

나는 근래까지도 포르투갈 사람들과 사업 관계로 교류하며 지내 왔다. 아프리카 앙골라에서 건설 공사를 수행하던 10여 년의 세월 동안 그들과의 접촉은 불가피했다. 앙골라는 과거 포르투갈의 식민지였던 까닭에 경제 문화적으로 비슷한 부분이 많고 지금도 포르투갈 사람들이 많이 들어온다. 더욱이 포르투갈어는 앙골라의 제1 공용어다.

특히 식문화는 그대로 전이되어 앙골라 식단은 그대로 포르투갈 식단이다. 고구마를 닮은 마니옥(카사바)처럼 유럽에서는 나지 않는 재료를 쓰는 전통 음식을 빼면 그렇다는 얘기다. 앙골라에 출장 온 사람이라면 중국 식당, 인도 식당, 때로는 브라질 식당에서 식사할 수도 있지만 그게 아니라면 대부분 현지 음식, 즉 포르투갈 음식을 먹어야 한다. 맛도 나쁘지 않다. 입맛에 맞는 사람이라면 얼마든지 즐거운 식사 자리가 될 것이다. 특히 포르투갈의 염장 대구 요리, 바칼라우Bacalhau는 생각만 해도 군침이 돈다. 웬만한 호텔에서의 아침 식사는 대개가 뷔페식 식단인데 이때는 포르투갈의 여러 빵을 즐길 수 있다.

가깝게 지내는 포르투갈 친구 파울루와 아침 식사뿐 아니라 저녁 식사도 함께하곤 했는데 그가 말하기를 앙골라의 빵이 지금 포르투갈의 빵보다 더 전통적인 맛이라고 했다. 무슨 말인가 싶다가 곧 이해가 갔다. 아프리카 사회는 유럽보다 변화의 속도가 느리거나 정체되어 있을 터이니 빵도 고유의 맛을 유지할 수 있는 것이다.

파울루는 포르투갈 사람이지만 포르투갈 출신은 아니다. 아프리카 남동해안에 있는 또 다른 포르투갈 식민지, 모잠비크에서 태어나 포르투갈로 유학을 갔다. 공부를 마치고는 앙골라에 일자리를 얻어 앙골라의 수도 루안다에 와서 산다. 모잠비크는 유전이 발견된 앙골라와는 달리 여전히 가난해서 변변한 일자리를 얻기 힘들었다고 했다. 포르투갈인 부인과 아이들도 루안다에 와서 함께 산다. 왜 굳이 이 먼 앙골라까지 온 걸까? 나는 그들로부터 아이들 교육비가 너무 비싸다고 툴툴대는 소리를 여러 번 들었다. 포르투갈은 관광으로 먹고산다고 할 수 있을 정도로 관광이 주 수입원이지만 유럽의 다른 나라들보다 인건비가 싼 편이라 제조업도 그런대로 발달해 있다. 특히 인력 의존이 큰 봉제 산업이 꽤 발달했다. 전통적으로 건설 부문이 강해 건설 공학 인력이 많은 편이다. 파울루도 건축 엔지니어인데 앙골라 건설 프로젝트에 참여하는 컨설턴트 회사의 사장직을 맡고 있다. 전문 인력이 부족한 앙골라는 같은 언어를 쓰는 포르투갈과 브라질에서 고급 전문 인력을 데려온다.

앙골라 프로젝트에는 한국 사람들도 참여해 있다. 프란시스쿠Francisco, 주앙João 등 포르투갈에서 흔한 이름의 엔지니어들과 늘 부딪치며 작업하는데 일하기는 괜찮으냐고 물어보면 돌아오는 답이 그다지 긍정적이지는 않다.

“이 애들이요? 거짓말을 밥 먹듯이 해요. 1분이면 들통날 거짓말을 아무렇지 않게 해요. 사과요? 그 친구들은 아예 사과란 말을 몰라요. 아유, 지겹고 얍삽한 포르투갈인들….”

물론 우리 한국 직원들 말을 그대로 믿어 같이 부화뇌동附和雷同할 생각은 없다. 거꾸로 포르투갈 쪽에서는 “어휴! 지겨운 한국인들”이라며 뒤에서 욕할지 누가 알랴. 어쨌든 나와 함께했던 파울루는 좋은 친구였다. 무엇보다 흉금을 털고 솔직히 얘기하는 그의 성격이 마음에 들었다. 그런데 안타깝게도 고용주인 앙골라 사람들이 그를 책임자 자리에서 쫓아내는 바람에 사직서를 내고 별 볼 일 없는 다른 회사로 옮겨 갔다.

격세지감이다. 옛날 그들을 통치하면서 주인 행세를 하던 포르투갈인의 생계를 앙골라 사람들이 좌지우지한다. 포르투갈은 2011년 유럽연합에 구제 금융을 신청할 정도로 경제 사정이 나빴다. 당시 이탈리아, 스페인, 그리스 등도 유동성 위기를 겪었다. 빚이 너무 많았던 것이다. 그때 포르투갈 사람들은 자신들과 언어가 통하는 옛 식민지 나라로 일자리를 찾아 몰려갔다. 짐승처럼 사냥당해 팔려 나갔던 아프리카 노예의 후손들이 그들의 상전이 됐다. 그래서였을까, 피고용인들을 마치 손바닥 위의 공깃돌인 양 매몰차게 부렸다.

루안다는 노예 무역이 성행하던 시절 아프리카 서안의 가장 큰 노예 송출항이었다. 수백 년 전의 일이지만 우리가 먹는 음식에는 이때의 흔적이 고스란히 남아 있다. 지금부터 할 이야기는 대항해 시대를 열었던 향신료에 얽힌 모험의 역사이자 잔혹함의 인류사다. 나와 가까이 지냈던 포르투갈 친구의 조상들이 과거 아시아와 아프리카로 밀려들어 와 얼마나 잔혹하게 사람들을 겁박하고 도살까지 해 가며 자원을 갈취했는지 지금부터 이야기할 것이다.

정향과 육두구의 고향 스파이스제도

바스쿠 다가마가 첫 번째 항해 때 도착한 곳은 인도 서남부 해안 도시 코지코드였다. 그 후 포르투갈 선단들이 속속 인도에 도착했다. 코지코드뿐 아니라 북단과 남단 해안의 여러 항구에 배를 대고 후추 등의 향신료를 사들이면서 교역했다. 당시 유럽 나라들의 항로 개척은 식민지 경쟁을 예고하는 것이나 다름없었다. 이들은 각각의 개척지에서 자국의 영향력을 제고시켰다. 이는 곧 식민지화와 강압적 통제를 의미한다.

1505년, 포르투갈의 마누엘 국왕은 프란시스쿠 드 알메이다Francisco De Almeida를 첫 인도 총독으로 임명하고 '부국왕副國王'에 해당하는 'Viceroy'라는 칭호를 주었다. 그만큼 인도를 중요한 식민지로 생각했다는 뜻이다. 프란시스쿠 부국왕은 격렬하게 저항하는 현지 세력들과 수차례 전쟁을 치르며 포르투갈의 입지를 지키고자 노력했다. 불과 1000여 명의 군사로 수십 배에 달하는 군사력을 가진 현지 왕국들을 제압해야 했다. 그야말로 악전고투의 연속이었다. 부국왕의 아들조차 인도 측을 도우러 온 이집트 해군에 피살되었다. 울분에 찬 그는 귀국길에 병사했다.

포르투갈은 당시 최고의 군사 전략가인 아폰수 드 알부케르크Afonso De Albuquerque를 두 번째 총독으로 임명했다. 그는 포르투갈이 아시아에서 100년이 넘도록 여러 식민국을 거느리는 상전의 나라가 될 수 있었던 토대를 마련한 군인이자 정복자였다. 1506년 유럽인으로서는 최초로 함대 16척을 이끌고 페르시아만으로 들어가 호르무즈섬을 점령하고 요새를 건설했다. 1510년에는 아라비아해와 면한 인도 서부의 도시 고아Goa를 침공하여 그곳을 근거지로 삼았다.

알부케르크는 기독교의 수호자 역할을 자임하면서 이슬람교도를 무자비하게 탄압, 척살했다. 어쩌면 그는 정말 이교도를 사탄으로 생각했을지도 모르겠다. 이베리아반도에서 이슬람 세력을 몰아내고 기독교 땅을 회복하자는 레콩키스타Reconquista(재정복) 운동이 종료된 지 불과 10년이 조금 넘은 시기였다. 그의 모국이 있는 이베리아반도는 786년부터 1491년까지 약 7세기 동안 이슬람교도에 의해 지배당했다. 알부케르크 자신도 모로코 등지에서 이슬람과 평생 싸워 온 전사였다. 당연히 적대감을 갖고 있었을 것이다. 현실적인 이유도 있었다. 당시 인도양 향신료

아폰수 드 알부케르크의 초상화. 그는 페르시아만에 입성한 최초의 유럽인으로서 당대 최고의 해군 제독으로 평가받고 있다.

교역을 장악한 세력이 바로 이슬람이었기 때문이다. 스리랑카 총독으로서 알부케르크가 목적을 달성하려면 이들과의 대결은 피할 수 없었다.

고아 점령 후 알부케르크는 세계사를 뒤흔드는 결정을 내리는데 그것은 말레이반도의 믈라카Melaka(옛 이름은 말라카) 점령이었다. 당시 믈라카는 아시아와 유럽을 잇는 교역항으로 동서 무역의 요충지였다. 아시아 물품은 이곳을 거쳐 서부 아랍과 이집트 알렉산드리아, 페르시아, 인도, 아프리카, 오스만, 유럽의 베네치아로 갔다. 알부케르크는 이곳을 장악하여 인도양을 지배하고자 했다. 다른 이유도 있었다. 포르투갈은 믈라카를 전초기지로 삼아 동쪽 바다를 항해하여 정향과 육두구의 산지로 알려진 '스파이스제도諸島'를 찾고자 했다.

한편 이러한 움직임은 당시 지중해 무역으로 큰 부를 누리던 베네치아와 알렉산드리아에는 위협이었다. 인도 후추와 스리랑카의 시나몬을 독점한 포르투갈이 믈라카까지 장악한다면 주도권을 빼앗길 게 불 보듯 훤했다. 그리고 1511년 4월, 마침내 1400명의 군사와 18척의 배가 고아에서 출항한다. 이들은 벵골만을 건너 믈라카 해협에 들어서고 두 달 동안 이어진 치열한 공격 끝에 믈라카 술탄국을 멸망시켰다. 그리고 그해 8월에 점령을 완료한다.

오직 향신료를 얻으려는 야망 하나로 지구 반대편으로 모험을 떠났던 그들의 항해를 역사는 어떻게 기록하고 있을까? 바스쿠 다가마나 알부케르크 같은 사람들은 어떤 이념의 실현이라든가, 오로지 땅에 대한 욕심 때문에 배를 타지 않았다. 그렇다고 해서 생존의 위기에 몰려 막다른 선택을 한 것도 아니었다. 단지 유럽인들의 사랑을 받는 향신료를 얻기 위해 목숨까지 내던지며 항해에 나선 것이다. 이는 포르투갈인들뿐이 아니다. 이후에 포르투갈인들이 개척한 항로를 따라 그들의 식민지를 차지하는 일을 반복했던 네덜란드와 영국도 그랬다. 그들은 동양의 향신료를 원했고 이들의 욕망은 세계 역사를 송두리째 바꾸어 놓았다.

동남아시아권의 많은 나라가 유럽의 식민지가 되었고 믈라카는 그 시발점이었다. 포르투갈이 무력으로 찬탈하기 전까지 믈라카는 수많은 나라에서 온 상인들이 평화롭게 교역하던 곳이었다. 15세기 초부터 교역이 이루어지기 시작하여 곧 세계적인 무역항으로 발전했는데 아랍의 카이로, 메카, 아덴과 페르시아의 호르무즈 왕국, 동아프리카의 아비시니아(에티오피아), 말린디Malindi와 인도, 중국, 일본 등지에서 온 상인들이 거래할 정도였다. 굳이 이런 곳을 무력으로 침공하려고 시도한 나라는 없었다.

유럽의 패권국들이 패권을 유지하는 필요 충분 조건은 바로 '부富'였다. 그리고 이는 찬탈로 시작됐다. 그들은 자원과 노동력을 찬탈하는 것으로 자기들의 부를 키워 나갔다. 믈라카도 그랬다. 정복자들이 들이닥치면서 평화롭던 경제 활동은 중단되었고 그로부터 440년을 식민지가 되어 살아야 했다. 포르투갈은 믈라카 점령 후 숨 돌릴 틈도 없이 스파이스제도를 찾아 나섰다.

당시 스파이스제도는 소문만 무성한 장소였다. 위치는 대략 알고 있었지만 정확한 지점을 알려 주는 해도海圖는 없었다. 요행히 도착한다 해도 정향과 육두구가 있는 섬이 어딘지 알 수 없었다. 사막에서 바늘을 찾는 것과 다름없을 터였다. 그러나 아랍인들이 그곳 어딘가에서 믈라카까지 향신료를 가져오는 걸로 보아 근처가 틀림없었다. 그곳을 찾아야만 정향과 육두구를 확보해 그동안 감수한 희생을 보상받을 수 있을 것이다. 포르투갈 정복자들은 서둘렀다. 정향 한 움큼이면 평생 먹고살 돈과 바꿀 수 있으니 어찌 마음이 급하지 않겠는가? 그들은 즉시 행동에 나섰다.

과연 스파이스제도는 실재하는가

믈라카 점령 후 포르투갈은 당초 목표지였던 스파이스제도를 찾아 나설 계획을 세웠다. 동쪽 바다 어디인가에 있는데 말레이인들은 이곳을 '바람 아래의 땅'이라고 불렀다. 스파이스제도는 이슬람 상인들이나 자바인, 중국인들 사이에 소문처럼 떠돌았다. 대부분 《신드바드의 모험》처럼 허구에 가까운 이야기들이었다.

옛날 어느 모험가가 쓴 책에 다음과 같은 소개가 있다. "섬 주민의 얼굴은 방패 같았고 머리카락은 말꼬리 같았다." 육두구의 섬은 "불쾌하고 불경스러우며 해로운 공기로 가득 차 있었고, 사람들은 짐승 같은 우둔한 모습이었다. 모든 악의 번식지"라고 했다. 자바인들은 그곳과 물물 교환하는 방법에 대해 다음과 같은 기록을 남겼다. "물물 교환 방법은 독특하다. 일단 해안가에 도착해서 그들이 필요하다고 생각되는 물품, 즉 소금이라든지 허리에 두르는 천 등을 놓아두고 간다. 그러면 다음 날 가져간 물품의 대가로 정향 꾸러미를 놓고 간다. 섬 깊숙이 들어간 주민들은 이후로 모습을 드러내지 않았다."

이런 이야기만 믿고 인도네시아에 산재한 수만 개의 섬 중에서 정향과 육두구 산지를 찾는 일은 불가능에 가까웠다. 우선 그곳에 가 본 적이 있는 현지 안내원을 찾는 일이 급선무였다. 포르투갈 정복자들이 안내원을 확보했다는 기록은 없다. 1511년 12월, 나름대로 준비를 마친 그들은 3척의 소형 배를 띄웠다. 믈라카를 점령한 지 4개월 만의 출항이었다. 안토니우 드 아브레우를 대장으로 하여 반다제도로 향해 갔다. 반다제도는 인도네시아 말루쿠해 남쪽에 있는 섬들이다. 3척의 배 중 한 척을 프란스시쿠 세항Francisco Serrão 이란 사람이 이끌었는데, 스페인에서 스파이스제도를 목표로 서쪽으로 항해를 떠난 페르디난드 마젤란의 친구로 알려진 인물이다.

스파이스제도는 말루쿠Maluku 또는 몰루카Molucca로 알려진 바다에 있는 섬들이다. 믈라카에서 해협을 지나 남동쪽으로 내려가면 보르네오와 자바섬 사이의 자바해에 이른다. 거기서 동쪽으로 나아가 술라웨시섬을 끼고 북쪽으로 올라가면 거기가 말루쿠해다. 그동안 수많은 유럽인이 이곳을 찾으려고 애썼다. 선단을 꾸리고 아프리카 서안 대서양의 카나리아제도를 지나면서는 바람 한 점 없는 무풍지대에서 몇 개월을 꼼짝도 못 하면서 견

뎌야 했고, 아프리카 남단 희망봉 근해에서 종잡을 수 없는 폭풍우에 시달려야 했다. 이들을 괴롭힌 것은 날씨뿐이 아니었다. 당시로서는 이유를 알 수 없는 병(괴혈병)에 걸려 목숨을 잃으면서 항해를 계속했다. 16세기 초에 포르투갈과 스페인 선단이, 한 세기 후에는 네덜란드와 잉글랜드 선단이 이런 위험을 감수하며 항해를 했다.

전해지는 기록을 보면 항해 기간이 보통 3년쯤 걸렸고 선원의 반수 이상이 항해 도중에 목숨을 잃었다고 한다. 어떤 항해는

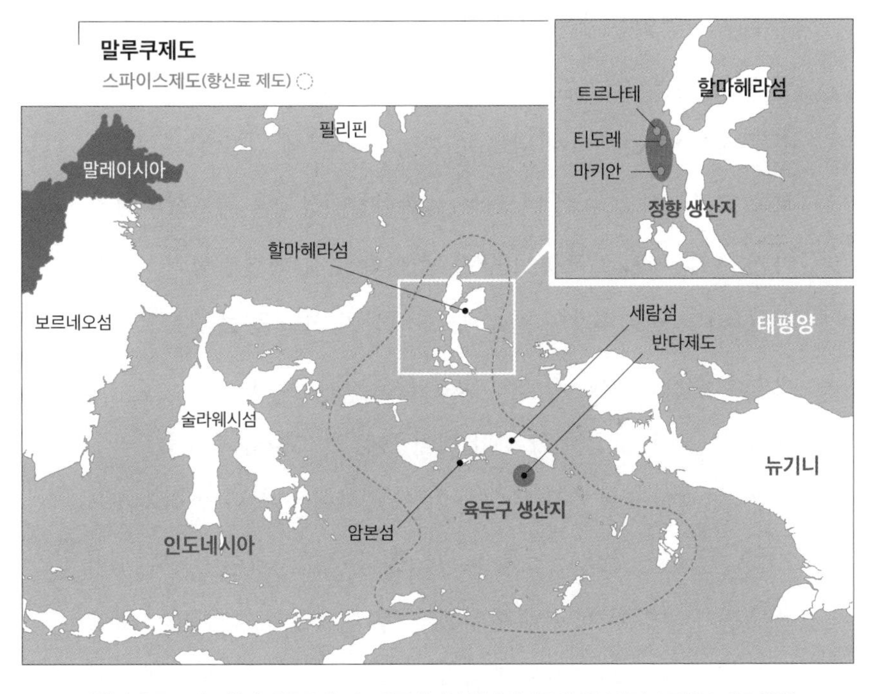

정향과 육두구의 고향인 말루쿠제도는 인도네시아 말레이제도의 일부이며 스파이스제도(향신료 제도)로 알려졌다.

10퍼센트도 안 되는 사람만이 살아 돌아왔다. 또 어떤 항해는 아무도 돌아오지 못했다. 사망 원인은 다양했다. 괴혈병과 이질 등의 풍토병, 풍랑에 의한 좌초, 원주민에 의한 살해, 다른 유럽 국가와의 전쟁 등이 있었다. 영국 북서쪽으로 항해한 선단은 북극에서 얼음에 갇혀 모두 얼어 죽었다. 영광은 소수의 귀환자에게만 돌아갔다.

실제로 포르투갈에서 출발해 반다제도에 도착한 배는 육두구를 가득 싣고 떠났다는 기록이 있다. 그러나 포르투갈 선단이 어떻게 그곳을 찾았는지, 그리고 어떻게 반다섬 주민과 협상해 육두구를 얻었는지는 여러 자료를 찾아봐도 나오지 않는다. 그냥 "육두구를 가득 싣고 왔다"라는 기록만 있다. 그리고 프란시스쿠 세항이 반다에서 달포는 걸리는 거리에 있는 말루쿠제도 북쪽 트르나테Ternate와 티도레Tidore로 가서 정향을 확보했다는 이야기가 있는데, 그 과정도 꾸며 낸 이야기 같아 진실성이 의심된다. 그러나 포르투갈이 이후에 무장 상인 선단을 보내 트르나테와 티도레에 요새를 건설한 것은 사실이다. 특히 티도레 요새는 네덜란드에 빼앗길 때까지 한 세기 이상 그 역할을 수행했다.

1529년, 포르투갈 무역상인 가르시아 선장이 반다제도에 5척의 함대를 이끌고 상륙을 시도했다. 제일 큰 섬인 반다섬은 육두구가 없었기 때문에 제외했고, 두 번째로 큰 네이라섬에 요새를 짓고 반다제도의 5개 섬을 경영하려고 했다. 서쪽에 홀로 떨어진 바위섬 런섬Pulau Run(룬섬이라고도 발음한다)에도 별도의 요새를 마련하려고 갔다. 그런데 산호초로 둘러싸인 해안에 상륙을 시도하는 순간 화살이 빗발처럼 쏟아졌다. 소문으로 듣던 호전적인 원주민을 만난 것이다.

칼날처럼 날카로운 산호초가 마치 천연 방호벽처럼 둘러싸고 있어 배를 대기가 힘들었다. 결국 희생을 감수하면서 섬을 점령하는 것은 실효성이 떨어진다고 판단한 가르시아는 상륙을 포기했다. 그 후로 포르투갈의 어느 선단도 3제곱킬로미터밖에 안 되는 그 섬을 방문하지 않았다. 대신 다른 섬의 원주민들에게 육두구를 사들였다. 이후에 이 런섬이 어떤 운명을 맞게 되는지는 앞으로 이야기할 것이다. 먼저 스파이스제도로 알려졌던 말루쿠제도를 구글 지도에서 검색해 보자. 그러고 전설적인 정향 산지 트르나테섬과 티도레섬, 그리고 육두구의 생산지 반다제도를 찾아보자.

지도상에서 말레이반도의 항구 믈라카로부터 스파이스제도, 즉 말루쿠로 가는 바닷길을 더듬으면 다음과 같다. 수마트라섬과 말레이반도 사이에 있는 믈라카 해협을 빠져나오면 자바해가 나온다. 여기서 남쪽으로 항해해 자바섬 서쪽 끝에 다다르면 이곳이 바로 반텐Banten이다. 옛 이름은 반탐Bantam으로 향후 영국과 네덜란드가 전쟁을 치르는 피의 전장이 될 곳이다.

자바해는 북쪽의 보르네오와 남쪽에 길게 동서로 놓인 자바섬 사이에 있는 바다다. 여기서 계속 동쪽으로 가면 인도네시아 제2의 도시 수라바야Surabaya가 나오고 그 옆으로 세계적인 관광지인 낭만의 섬 발리가 있다. 동쪽으로 소순다 열도가 이어지고 그 끝에는 동티모르가 있다. 북쪽으로는 인도네시아 5대 섬 중 하나인 술라웨시가, 남쪽으로는 오스트레일리아가 위치한다. 동티모르와 말루쿠제도 사이에는 향신료의 메카인 반다해가 망망대해로 펼쳐진다. 이제 술라웨시의 동쪽 해안을 끼고 북으로 올라가면 말루쿠해에 이른다. 이쯤 되면 (실제로는 그럴 리 없지만) 정향 냄새가 바람에 실려 코끝에 감지될지 모르겠다.

말루쿠해 동쪽, 말루쿠제도 북쪽에는 여러 반도가 돌기처럼 튀어나와 불가사리나 문어처럼 보이는 섬, 할마헤라Halmahera가 있다. 할마헤라섬 서해안 가까이에 남북으로 길게 늘어선 콩만 한 섬들이 있는데 맨 북쪽의 것이 트르나테섬이고, 남쪽으로 이웃해 있는 비슷한 크기의 것이 티도레섬이다. 정향의 고향, 세계사를 바꾼 향신료 전쟁의 중심지다. 두 섬 모두 화산섬이라 섬 중앙부에 화산 봉우리가 있다.

트르나테는 향신료 전쟁이 있기 훨씬 전부터 할마헤라를 포함한 말루쿠해의 모든 섬을 지배하는 강력한 술탄(이슬람 군주) 왕국이 있었다. 티도레 역시 술탄 왕국으로 트르나테와 대적하며 독립적 지위에 있었다. 모두 다 정향 덕분이 아니었나 싶다. 어느 시대의 어느 정치 세력이건 부유하면 힘이 생기는 것 아닌가.

트르나테의 면적은 111.39제곱킬로미터로 우리나라 거제도의 약 3분의 1 크기인 영종도만 하다. 티도레섬도 비슷하다. 두 섬의 화산 봉우리는 모두 1700미터가 넘는다. 뾰족한 봉우리가 섬 중앙에 솟아 있어 위성에서 찍은 사진을 보면 따개비 모양 같다. 정향은 향신료 중에서도 향이 가장 강하다. 무슨 연유로 다른 곳에는 없는 정향나무가 이 섬에서만 자라고 있는지는 신만이 알 일이다.

이왕 구글 지도를 보고 있으니 반다제도도 찾아보자. 말루쿠해 남쪽 반다해로 내려가다 보면 세람Pulau Seram(스람이라고도 발음한다)이 동서로 누워 있다. 세람섬에는 인간 사냥꾼 식인종 부족

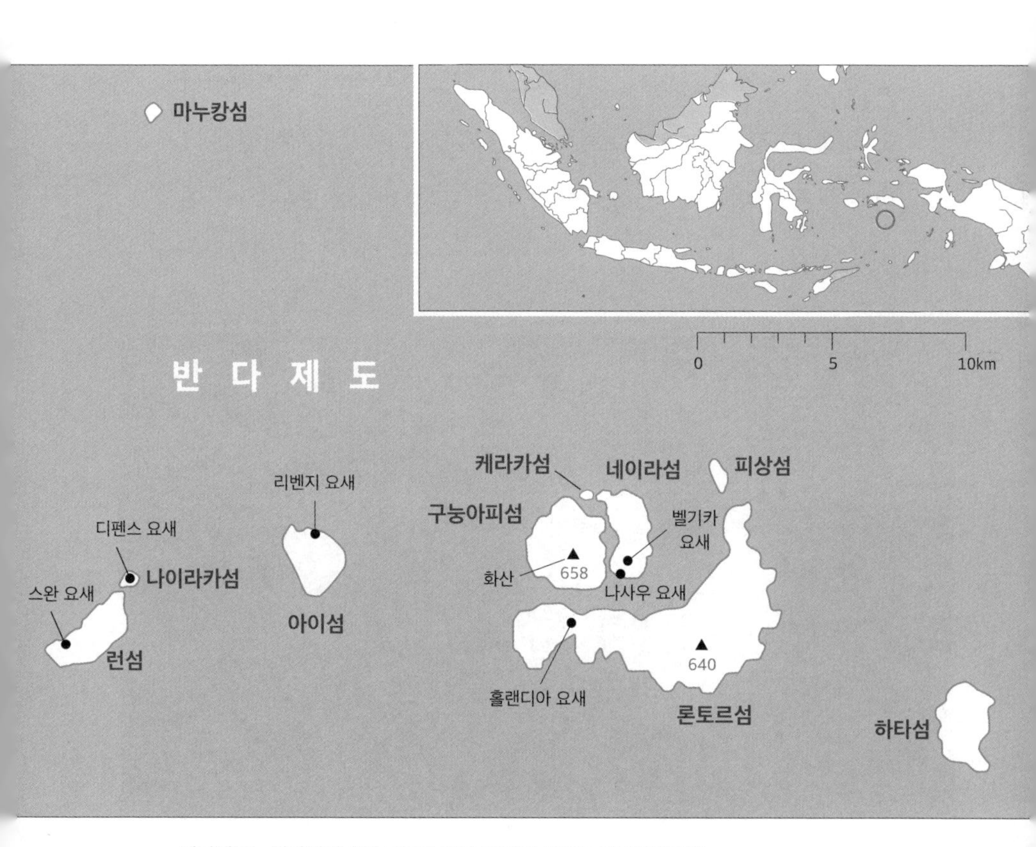

반다제도는 반다해에 속한 군도로 모두 10개의 섬으로 이루어져 있다.

이 있다는 기록이 전해진다. 실제로 영국 선단을 이끈 데이비드 미들턴David Middleton 경이 식인종 사냥꾼에게 잡혀 있다가 극적으로 탈출했다는 기록이 남아 있다. 나는 어릴 적에 제목이 생각 안 나는 어떤 영화를 보았는데 거기서 식인종들에게 둘러싸여 목숨을 위협받는 장면이 나왔었다. 아마도 그곳이 세람섬이었는지도 모르겠다. 아니면 더 동쪽의 뉴기니섬이던가.

세람섬 서쪽 끝 즈음에 남쪽에 암본Pulau Ambon(옛 이름은 암보이나)이란 강낭콩만 한 섬을 찾을 수 있다. 네덜란드의 말루쿠 지역 총사령부가 있던 곳이다. 네덜란드 동인도회사의 말루쿠 지사라고 해야 더 정확한 표현일 것이다. 암본 남쪽은 망망대해인데 그 바다가 바로 반다해다. 전설의 육두구 고향, 반다제도는 거기 어

반다제도의 아름다운 현재 모습.

디쯤일 텐데 꼼꼼히 살펴보아도 잘 안 보인다. 이제 구글 지도의 축척을 키워 보자. 그러면 '반다'라고 쓰인 글자와 함께 좁쌀만 한 섬들이 옹기종기 보이기 시작한다. 바로 거기다. 하도 작아서 보통 축척의 지도에서는 점으로도 표시할 수 없을 정도다. 자바섬에서 동쪽으로 2000킬로미터, 세람섬에서 남쪽으로 147킬로미터 거리에 있으며 주변은 사방으로 오로지 망망대해다.

총 10개의 섬이 포착될 것인데 그중에 육두구가 나는 섬은 네이라Naira섬, 아이Ai섬이고 서쪽에 외롭게 홀로 떨어져 있는 코딱지만 한 섬, 런섬이 있다. 이 3제곱킬로미터밖에 안 되는 작은 섬이 향신료 역사의 기린아, 세계사적으로 특별한 곳이다.

스페인과 포르투갈의 선두 경쟁

네덜란드와 영국이 본격적으로 향신료를 찾아 대항해를 시작하기 훨씬 전에 포르투갈과 스페인은 경쟁적으로 선단을 띄웠는데 '먼저 발견한 자가 임자'라는 원칙을 따랐다. 서쪽으로 떠난 스페인의 콜럼버스는 서인도제도를 점유한 것으로 보았다. 동쪽으로 떠난 포르투갈은 인도와 믈라카를 점유하였으니 그곳은 포르투갈령이었다. 그런데 지구가 둥글다 보니 이들 나라가 어디선가 만날 텐데 그곳이 어디인지는 정확히 알 수가 없었다. 당시 유럽 사람들은 태평양에 대해 아는 게 전혀 없었기 때문에 의견을 낼 처지가 안 되었다. 어쨌든 스페인과 포르투갈은 유럽을 제외한 전 지역에 기지를 건설했는데 그 과정에서 영토 분쟁이 생겼다. 콜럼버스가 서쪽 항해를 하면서 1479년에 체결한 알카소바스Alcáçovas 조약을 위반했기 때문이었다. 이 조약에 따르면 스페인 배는 북위 26도 이남을 항해할 수 없었다. 그 아래는 전부 포르투갈 땅이라는 얘기였다. 교황이 중재를 맡았지만 이마저도 실패하자 두 나라는 스페인의 토르데시야스Tordesillas에서 만나 협약을 맺는데 이를 '토르데시야스 조약'이라 한다. 1494년의 일이었다.

아프리카에서 지중해를 건너 이베리아반도에 들어와 800여 년을 통치한 이슬람을 몰아내자는 국토 회복 운동인 레콩키스타가 완결된 해가 1492년이다. 그라나다에서 마지막까지 버티던 이슬람 최후의 왕국 나스르 왕조는 멸망했다. 그렇게 알람브라 궁을 뒤로한 이슬람교도들이 시에라네바다Sierra Nevada산맥을 넘어 아프리카로 돌아간 지 2년 후에 토르데시야스 조약이 체결되었다. 이때 스페인은 유럽의 패권국이 되어 있었다. 당시 네덜란드는 스페인의 식민지로서 경쟁 대상이 아니었고 섬나라 영국은 가난한 미개발국이었다. 신경 쓰일 만한 나라는 프랑스가 유일했는데 그들은 해외 식민지 개척은커녕 내부 문제로 진통을 겪느라 다른 나라 일에 신경 쓸 겨를이 없었다.

스페인은 콜럼버스를 앞세워 대항해를 시작한 바다의 지배자였다. 포르투갈도 일찌감치 해외에 발판을 마련한 상태였다. 이베리아반도의 이들 두 나라가 지구의 모든 땅을 나누어 먹겠다고 나서도 말릴 이가 없는 상황이었다. 토르데시야스 조약은 이렇듯 두 나라의 자만이 최고조에 달했을 때 맺어졌다. 주요 내용은 아프리카 서쪽 카보베르데Cabo Verde섬 기준(서경 46도)으로 그

동쪽은 포르투갈, 서쪽은 스페인이 소유권을 갖는다는 것이다. 이 선이 지나는 브라질은 기준선 동쪽으로 해석해 포르투갈령이 되었고 나머지 남북 아메리카 땅은 스페인령이 되었다. 그러나 이때까지만 해도 그들의 세계는 우리가 아는 것과 달랐다. 그들은 나중에 마젤란이 명명한 태평양의 존재를 짐작도 못 하고 있었다.

1519년 9월, 마젤란이 이끄는 5척의 흑선과 270명의 선원이 스페인의 산루카르 데 바라메다Sanlúcar de Barrameda항에서 출발하여 장도에 나섰다. 마젤란은 포르투갈 태생이었다. 스페인 국왕 카를로스 1세가 마젤란의 확고한 신념과 항해 실력을 믿고 전권을 맡긴 것이다. 5척의 배에는 각각 스페인 선장이 있었다. 마젤란은 앞서 포르투갈의 알부케르크 인도 총독이 이끄는 믈라카 공략에 참여한 경험이 있었고, 대서양에서 희망봉을 돌아 동쪽으로 가는 항해를 한 경험이 있는 베테랑 항해사였다.

그의 선단에는 역사적으로 중요한 인물이 2명 있었는데 바로 후안 세바스티안 엘카노Juan Sebastián Elcano와 이탈리아 베네치아인 안토니오 피가페타Antonio Pigafetta다. 엘카노는 후에 마젤란이 항해 도중 사망했을 때 선단을 이끌었던 인물이다. 목적지인 스파이스제도(말루쿠제도)에 도착해 정향과 육두구 등 향신료를 가득 싣고 인도양과 희망봉을 돌아 9개월 동안 항해해 귀환했다. 피가페타는 마젤란의 항해 일지를 꼼꼼하게 기록하여 세계 일주 여정을 세상에 알린 사람이다.

마젤란의 초상화. 1505년에 포르투갈, 1519년에는 스페인의 지원을 받아 남아메리카를 순항하면서 마젤란 해협을 발견하고 태평양을 횡단했다.

유럽에서 출발해 동인도제도로 가려면 아메리카 대륙을 거쳐야 하는데 이를 통과하는 방법은 둘 중 하나였다. 남단을 돌아가는 길과 북단을 거쳐 통과하는 2개의 길 중에서 마젤란은 남단을 택했다. 여기서 북단은 북극해를 말한다. 그로부터 대략 1세기 후 북단을 돌아가려는 시도가 있었다. 영국의 헨리 허드슨 Henry Hudson 선단도 그중 하나였으나 모두 실패하고 말았다. 캐나다 동쪽 허드슨만은 그의 모험을 기념하여 명명한 바다 이름이다. 당시에는 북극해의 유빙 지대를 통과하는 게 사실상 불가능해 보였다.

아르헨티나의 남단 복잡한 섬들 사이로 구불구불한 모양의 바닷길이 좁은 해협을 이루며 태평양과 이어지는데 마젤란 선단은 그곳을 통했다. 죽을 고생을 하며 통과한 500킬로미터에 달하는 해협은 오늘날 그의 이름을 따서 마젤란 해협이라 불린다. 해협을 지나면서 5척의 배 중 2척을 잃었으니 얼마나 어려운 항해였는지 짐작할 만하다. 그야말로 폭풍과 미로 속의 항해였다. 감내해야 할 고통은 그뿐이 아니었다. 해협에 들어서기 전 대서양을 거쳐 남아메리카에 도착했을 때 선상 반란이 일어났다. 지겹고도 긴 항해에 염증이 난 스페인 선장들이 반란을 일으킨 것이다. 당시 반란은 사형에 처하는 중범죄에 해당했다. 마젤란은 2명의 선장을 처형하고 한 명은 감금하고 또 한 명은 배에서 내리게 했다. 그런데 앞에서 얘기했던 엘카노 선장은 무슨 연유였는지 용서를 받았다.

해협을 통과하고 그들은 망망한 대해를 마주했다. 잔잔하고 평화로운 바다였다. 그들은 환호하며 태평양Pacific Ocean이라는 이름을 붙여 주었다. 스페인말로 'Pacifico'는 평화롭다는 뜻이다. 그러나 이후 그들의 항해는 평화롭기는커녕 혹독하기만 했다. 그들은 자신들을 맞이한 바다가 그토록 거대하리라고는 생각하지 못했다. 준비한 식량과 물은 터무니없이 부족했다. 먹지도 마시지도 못하는 지옥 같은 상황에서 99일을 버텼다. 마젤란은 아메리카 대륙을 벗어나면 금방 스파이스제도, 즉 말루쿠제도가 나올 것이라고 확신하고 있었다. 그나마 북서쪽으로 기수를 잡고 항해한 것은 천만다행이었다. 그러지 않았다면 그들의 생사가 어찌 되었을지 모를 일이다. 수평선에 시시각각 나타나는 육지는 환각이었다. 허기에 지친 이들은 매일 그런 환각에 시달렸다. 쇠약해진 탓에 괴혈병이나 원인을 알 수 없는 무서운 병에 걸려 죽는 사람이 속출했다.

1521년 3월, 드디어 육지에 도착했다. 스페인 출항 후 1년 6개월이 지난 때였다. 그들이 도착한 곳은 지금의 필리핀 세부섬이었다. 세부에 도착한 후 원주민에게 기독교를 전파했다는 기록이 있지만 체류 시간이 짧은 데다 그들의 건강 상태가 그럴 만큼 충분했는지는 의심스럽다. 물론 당시 많은 선교사가 항해 선단에 참여했던 것은 사실이다. 향료 상인을 쫓아 함께 항해하고 상인과 군인이 정착하는 지역 원주민에게 적극적으로 전도했음은 틀림없다. 교역과 포교가 톱니바퀴처럼 맞물려 움직이는 시스템은 유럽식 신천지 탐험의 특징이었다. 그런데 경천동지할 일이 벌어졌다. 그만 지도자가 현지인들의 싸움에 휘말려 죽은 것이다. 1521년, 마젤란은 지금의 세부시 앞바다에 있는 작은 섬 막탄Mactan에서 사망한다.

막탄의 영주 라푸라푸Lapu Lapu는 이슬람교도였다. 당연히 기독교를 설파하는 외지인들이 좋아 보일 리 없었다. 결국 충돌이 일어났고 마젤란은 전투 와중에 부하들과 소통이 잘못되어 홀로 남겨졌다. 마젤란은 살해되고 엘카노만이 몇몇 생존자들과 함께 간신히 도망치는 데 성공한다. 암울한 상황이었지만 절체절명의 목적인 향신료를 포기할 수는 없었기에 말루쿠제도에서 향신료를 찾아다녔다. 특히 정향의 산지를 찾아 이곳저곳을 뒤지고 다

필리핀 세부 막탄섬에 있는 라푸라푸의 동상. 라푸라푸는 스페인의 침략에 맞서 싸워 승리한 필리핀의 영웅이다.

녔다.

마침내 수평선 위로 솟아오른 트르나테와 티도레의 화산 봉우리를 발견했다. 트르나테에 접근했으나 포르투갈 요새가 이미 있는 것을 보고는 상륙을 포기하고 인근의 티도레섬으로 들어갔다. 출항한 지 25개월에서 이틀이 모자라는 시점이었다. 주민들에게 정향을 사들인 이들은 왔던 길을 되짚는 대신 서쪽으로 기수를 돌렸다. 인도양을 항해해 아프리카 남단을 돌아 대서양에 이르는 귀환 길이었다. 9개월 만에 스페인 항구에 도착했을 때는 5척의 배 중 제일 작은 빅토리아호 한 척과 18명의 인원이 남은 전부였다.

현재 필리핀 세부에는 마젤란의 기념비가 세워져 있다. 한편 막탄섬에는 '침략자' 마젤란을 물리친 라푸라푸의 동상이 세워져 있다. 그곳 도시 이름도 그의 이름을 딴 라푸라푸다. 필리핀 국민은 그를 기개 넘친 영웅으로 기리고 있다.

2장

향신료 교역을 둘러싼 열강의 각축전

포르투갈의 쇠퇴와 네덜란드의 부상

향신료를 찾기 위한 바닷길 탐험은 16세기 초 이베리아반도의 두 나라, 스페인과 포르투갈에서 시작했다. 그중에서도 특히 포르투갈이 과감하고 악착스럽게 목숨까지 거는 위험을 감수하며 길을 열었다. 이슬람 상인들에게서 풍문으로 들은 내용 혹은 부정확한 정보에 기인하여 신비로운 향신료의 섬들을 찾아 나섰다. 한 번도 가 보지 않은 뱃길을 항해하여 수많은 목숨을 잃었다. 그리고 드디어 인도에서 후추를, 스리랑카에서 시나몬을, 믈라카에서 정향과 육두구를 찾았고, 이를 독점 무역의 발판으로 삼는 데 성공하면서 자기 나라 군주에게 부를 안겨 주었다. 그러나 동서고금의 역사가 그렇듯이 처음 차지한 자는 언제나 두 번째로 온 자에게 자리를 빼앗기기 일쑤다. 지금도 그렇다. 기업에서도 기껏 개발한 기술 또는 개척한 시장을 후발 주자에게 빼앗기는 일이 비일비재하다. 포르투갈의 대항해로부터 한 세기도 더 지난 후 두 번째 강자가 나타났다. 그리고 앞선 자들이 가진 것을 모두 빼앗았다. 포르투갈과 스페인에 이은 신흥 강자는 바로 네덜란드였다. 네덜란드는 영국과의 경쟁에 이기면서 향신료가 풍부한 꿈의 바다인 말루쿠제도를 석권했다.

1505년, 포르투갈이 시나몬 숲을 독점했던 스리랑카의 요새는 1640년에 네덜란드가 차지했다. 1498년 바스쿠 다가마가 인도 서부 해안의 코지코드에 상륙해 후추 교역을 시작한 이래 160년 동안 교역을 독점하며 지배하던 인도 남부 말라바르 해안 기지들 역시 1663년에 네덜란드가 가져갔다.

아시아 교역의 허브 믈라카는 1641년 네덜란드-포르투갈 전쟁의 승자인 네덜란드가 가져갔다. 이 전쟁은 종교 싸움이기도 해서 포르투갈의 가톨릭이 네덜란드의 개신교에 패배했다는 의미도 있다. 이후 포르투갈은 말루쿠제도의 트르나테와 암본의 요새와 관리소를 네덜란드에 넘기고 일부 상인들만 겨우 남아 네덜란드 통제하에 소규모 장사만 하는 처지가 되었다. 향신료 개척의 선구자 포르투갈이 인도양과 태평양에서 모두 영향력을 잃고 만 것이다. 그런데 이때 포르투갈로부터 통제권을 빼앗은 주체는 네덜란드 국가가 아니라 상인들과 귀족들이 주주가 되어 설립한 네덜란드 동인도회사였다.

이익만을 추구하던 주식회사 동인도회사는 목표 달성을 위

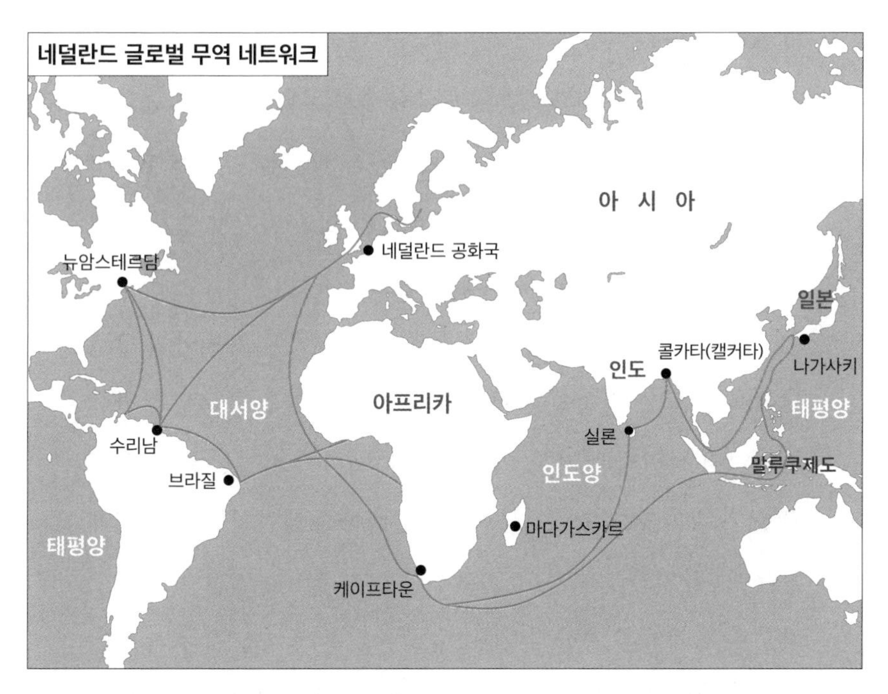

스페인과 포르투갈의 영향력이 약해지자 유럽의 약소국이었던 네덜란드는 동인도회사를 앞세워 전 세계를 누비며 교역 네트워크를 강화했다.

해서라면 무슨 짓이든 할 수 있었다. 포르투갈의 교역 주체는 국왕 직속 상인 기관으로 네덜란드나 영국처럼 자본가들의 합자회사 형태가 아니었다. 이는 경쟁력에서도 차이가 났다. 향신료 산지는 매우 먼 곳에 있어 왕이 직접 정치적·군사적 영향력을 행사하기가 어려웠다. 상대적으로 느슨하고 소규모였던 포르투갈의 조직이 철저한 장사꾼 집단인 회사 조직과 이권을 두고 경쟁해 승리하기란 어려웠다.

네덜란드 동인도회사는 풍부한 자금력과 인력을 갖고 있었다. 선박 수 역시 비교가 안 될 정도로 규모가 컸다. 자본력의 차이는 포르투갈을 압도했다. 대항해의 영웅 알부케르크가 개척한 믈라카를 잃었다는 것은 그들 입장에서는 향신료 사업의 종말이나 다름없었다. 여기에는 본국의 복잡한 정치 사정도 영향을 미쳤다. 회사로 치면 본사 격인 왕권이 무너진 것이다.

1578년, 포르투갈 국왕 세바스티앙 1세가 아프리카의 모로코에서 전투 중 사망하는 사건이 발생한다. 이후 국정은 혼란에 빠지면서 식민국 통제도 어려워졌다. 게다가 사망한 왕은 후사를 남기지 않았다. 결국 혈통을 찾다 보니 스페인의 국왕 펠리페 2세에게 왕위가 넘어가고, 포르투갈은 '이베리아 연합'이라는 이름으로 스페인에 병합되었다. 이 시기를 틈타 향신료 무역 후발국이던 네덜란드와 영국이 포르투갈의 해외 근거지를 공략해 하나둘씩 빼앗아 갔다. 이후 포르투갈은 말 그대로 쇠퇴 일로를 걷게 된다.

스리랑카 남단 갈레에 있는 더치 포트라는 유적이 바로 이때 네덜란드가 빼앗은 요새다. '더치Dutch'는 바로 네덜란드 왕국을 말한다. 어떻게 이런 일이 가능했을까? 대서양 연안의 작은 나라 네덜란드가 절대 강국이던 포르투갈을 꺾고 우뚝 설 수 있었던 요인은 무엇일까? 어떤 연유로 대항해라는 위험하기 짝이 없는 모험에 뛰어들어 향신료 사업에 매진했을까? 포르투갈이 1세기 이상 독점하던 여러 지역의 상관商館(규모가 큰 상점)과 요새를 무력으로 탈취할 수 있었던 배경을 이해하려면 네덜란드의 역사를 들여다보아야 한다.

네덜란드가 무작정 대항해에 뛰어든 것은 아니었다. 그들에게는 오랫동안 축적한 교역 경험이 있었다. 유럽에서 향신료 도소매를 해 온 덕분에 향신료 시장 상당 부분을 점유하고 있었다. 포르투갈 선단이 아시아에서 실어 온 향신료가 리스본항에 도착하면 네덜란드 상인들이 사다가 유럽 각지로 내다 판다. 이들은 향신료뿐 아니라 뱃길로 운송하는 모든 물품을 취급했다. 말하자면 오늘날 물류 사업자나 해운 회사 역할을 한 것이다. 덕분에 유럽의 부는 네덜란드의 중심 도시 암스테르담으로 들어와 쌓였다.

당시 네덜란드 상인들이 가진 배의 숫자는 다른 모든 유럽 국가의 배를 합친 것보다 많았다고 한다. 16~17세기뿐 아니라 지금도 네덜란드의 로테르담은 유럽 해운의 허브 구실을 한다. 러시아 화물의 상당 부분이 로테르담항에 선적된다. 지리적으로 북서 대서양에 인접해 있어 교역에 매우 유리하다. 위로는 영국과 스칸디나비아 지역을 잇는 북해가 있고, 대륙 쪽으로는 프랑스와 독일 사이에 있으면서 육로와 뱃길로 이베리아반도에 갈 수 있다. 육로로는 동유럽을 거쳐 러시아까지 이어진다. 북해, 북대서양, 지중해는 물론 육상 운송까지 모두 가능하다는 뜻이다. 선박 수가 많다는 것은 그만큼 조선업이 발달했다는 의미이다. 당시 네덜란드 선박 건조비는 영국의 반에도 못 미쳤다. 대량 생산 체제의 기본인 표준화 작업이 앞서 있었기에 원가를 절감한 데다 설계 능력도 뛰어났다.

수 세기 동안 해 온 해상 교역 경험은 항해술의 발전을 가져왔다. 이들이 향신료를 찾아 먼바다로 뛰어드는 데 주저하지 않은 이유다. 무엇보다도 동인도회사의 과감한 투자는 든든한 뒷배가 되었다. 선단의 주역인 선원과 군대의 용기와 도전 정신 또한 네덜란드가 향신료 교역의 선두 주자로 발돋움하게 된 주요 요인이다. 당시나 오늘날이나 네덜란드 땅은 우리나라 남한 면적의 절반에도 미치지 못한다. 게다가 국토의 상당 부분이 해수면보다 낮은 저지대여서 제방을 쌓아 바닷물 유입을 막는 데 온 힘을 다해야만 했다. 당시 인구도 100만이 겨우 넘는 작은 나라였다. 네덜란드는 이러한 핸디캡을 딛고서 향신료 무역의 선두 주자가 될 수 있었다. 문화적 배경도 살펴볼 만하다.

우리가 유럽의 역사를 말할 때 흔히 고대 그리스부터 시작한다. 그다음이 로마다. 기원전 로마 이야기와 이후의 기나긴 로마의 역사를 빼놓을 수 없다. 이어서 오늘날 문명의 주역이 된 게르만족의 이동과 정착을 이야기한다. 그리고 거대한 로마의 세력 다툼, 기독교의 유입, 교황과 왕권의 대립, 셀 수 없이 수많은 전쟁 이야기로 유럽의 역사가 채워진다. 아시아와의 충돌과 교류도 중요한 페이지다. 이슬람과의 충돌, 십자군 원정을 포함한 종교 전쟁이 계기가 되었다. 이 전쟁으로 인해 유럽은 정치적·사회적·문화적으로 큰 변화를 겪게 된다. 종교적으로 유럽을 지배했던 기독교는 종교 개혁을 겪으면서 분열되어 신교와 구교가 첨예하게 대립하게 된다.

유럽의 거의 모든 나라가 예외 없이 앞에서 나열한 사건들의 영향을 받았다. 네덜란드도 마찬가지다. 이들도 로마에서 시작했다. 고대 로마 시절 지금은 '베네룩스 3국'으로 불리는 벨기에와 룩셈부르크, 네덜란드는 이른바 '저지대 나라Low Countries'로 불렸다. 실제로 고도가 낮아 붙여진 이름이다. 일찍이 왕권이 확립된 스페인과 프랑스를 제외하고 나머지 유럽 지역은 크고 작은 세력들이 경합하며 지배했다. 저지대도 마찬가지로 여러 세력이 할거했다. 어느 한쪽이 우월하지 않다 보니 고만고만한 세력들이 끊임없이 싸움-연합-분리를 거듭했다. 강력한 왕권이 확립되기 전까지 이 지역에는 합종연횡合從連橫 현상이 계속되었다.

네덜란드 지역은 기원전 50년대에서 기원후 3세기까지 로마의 영토였다. 그 후 게르만의 한 일파인 프랑크족이 7~8세기에 이 저지대 지역을 점령하고 기독교를 전파했다. 그 유명한 샤를마뉴Charlemagne 대제 시대가 열린 것이다. 기원후 814년 샤를마뉴가 죽자 그가 지배하던 지금의 프랑스, 독일, 이탈리아는 다시 분열했다. 저지대 사람들도 17개 주의 영주들을 중심으로 나뉘었다. 프랑크족 세력이 약화되고 분열하자 북쪽 바이킹족이 내려와 약탈을 일삼았다. 저지대 사람들은 방어성을 쌓고 저항하면서 단결했다. 힘을 모으는 과정에서 정부 형태의 구성이 자연스레 갖추어졌다. 이때 프랑스 중심부의 부르고뉴Bourgogne 공국이 세력을 떨치며 주변 소국과 영주들을 병합해 나갔다. 저지대 영주들도 부르고뉴에 병합되었다. 이후 부르고뉴 공국은 15세기까지 왕권을 유지한다.

안정된 군주 국가에서 저지대 사람들은 중계 무역으로 번영을 누렸다. 그러던 중 플랑드르 지방(오늘날의 벨기에)의 헨트에서 왕자 한 명이 태어났다. 아버지는 '스페인의 미남 왕'으로 불리던 펠리페 1세였고 어머니는 스페인의 후아나Juana 공주였다. 펠리페 1세는 합스부르크 왕가가 낳은 신성로마제국 황제인 막시밀리안 1세의 아들이자 부르고뉴 공국의 공작이었고, 후아나 공주는 그 유명한 스페인 카스티야 왕국 이사벨 여왕의 딸이었다.

카스티야 왕국의 이사벨 여왕과 아라곤 왕국의 페르디난드 왕이 결혼함으로써 두 나라가 합병하게 되었고 이베리아반도에 강력한 통치 국가가 탄생했다. 이들은 이베리아반도를 800년 동안이나 통치한 이슬람 세력을 완벽하게 쫓아냈다. 특히 이사벨 여왕은 스페인 역사상 최고의 명군으로 추앙받는다. 콜럼버스를 서인도제도로 보내 대항해 시대를 열고 스페인에 부를 가져온 주인공이다.

후아나 왕비가 카스티야 공주일 때 합스부르크 왕가의 왕자 펠리페와 결혼한 것은 당시 유럽 최고의 정치적 사건이었다. 두 사람이 낳은 왕자는 스페인 왕가에서 자라지 않았다. 대신 네덜란드 플랑드르에서 스페인의 네덜란드 총독이자 고모인 마르그레테의 손에 자랐다. 여기에는 애증이 교차하는 한 편의 드라마가 있다.

당대의 미남이었던 펠리페 1세는 아내인 후아나와 결별한다. 오스트리아 합스부르크 왕가로 돌아가서는 거기서 다른 여자와 지냈다. 후아나는 너무 실망한 나머지 광증狂症을 보이기까지 했다. 그러던 중 후아나의 어머니인 이사벨 여왕이 사망하자, 아내가 상속받을 왕위와 재산이 탐난 펠리페 1세는 부랴부랴 스페인으로 돌아왔다. 그러나 어찌 된 일인지 28세라는 젊은 나이에 그만 세상을 떠나고 만다. 이 사정을 까맣게 모른 채 네덜란드에서 지내던 왕자는 16세의 젊은 나이에 왕위에 오른다. 스페인 말도 제대로 못 하는 외국인 같은 처지였지만 어쨌든 왕은 왕이었으니 그가 바로 카를로스 1세다. 그리고 얼마 후 신성로마제국의 황제 막시밀리안 1세도 타계한다. 왕위를 물려받아야 할 펠리페 1세가 죽은 탓에 손자인 카를로스 1세가 왕관을 물려받았다.

이로써 그는 스페인 카스티야 왕국의 카를로스 1세이자 신성로마제국의 황제인 카를 5세가 되었다. 이 밖에도 그는 부르고뉴 공국의 군주, 스페인령 네덜란드의 총독, 이탈리아의 왕, 오스트리아 합스부르크 왕가의 상속자, 아메리카 스페인 식민지의 왕, 필리핀제도 식민지의 군주가 되었다. 또 독일 국왕, 나폴리 국왕, 레온(이베리아반도 북서쪽) 국왕, 사르데냐(이탈리아 남부) 국왕, 룩셈부르크 공작, 이스투리아스(스페인 북서부) 공작, 브라반트(저지대 지역) 공작 등을 겸했다. 그리하여 그는 광대한 영토와 식민지를 통치하는 군주가 된 것이다.

역사에 등장하는 모든 정복자는 남의 땅을 탐하여 무력으로 빼앗는 것이 일반적이다. 그런데 카를 5세는 남의 것을 탐한 적도 없고 왕위를 달라고 애걸복걸하거나 수를 쓴 적도 없었다. 1순위 상속자가 어린 나이에 죽는 바람에 졸지에 대제국을 거느린 황제의 운명을 맞게 되었다. 우리 식으로 말하면 기막힌 사주팔자를 가지고 태어난 인물인 셈이다.

카를 5세는 네덜란드 역사에서 빼놓을 수 없는 인물이다. 그의 아들 펠리페 2세는 식민지 네덜란드가 스페인으로부터 독립하고 유럽 최고의 강국으로 성장하는 데 단초를 제공했다. 네덜란드 독립을 위해 애써 주었다는 뜻은 아니다. 오히려 이들을 지나치게 박해하고 괴롭히는 바람에 네덜란드가 독립 의지를 키우게 만들었다는 점에서 그렇다는 얘기다.

어린 시절을 네덜란드에서 보낸 카를 5세는 그 지역 사람들이 부유하고 관용적이라는 것을 잘 알았으리라. 그러나 그는 어디까지나 군주였다. "가지 많은 나무에 바람 잘 날 없다"는 속담처럼 그가 통치하는 광대한 땅에서는 끝없이 반란이 일어났다. 물론 그의 입장에서 그렇다는 말이고, 다른 식으로 보면 독립을 위한 항거가 일었다. 게다가 그가 통치하는 스페인과 네덜란드의 저지대, 그리고 독일과 오스트리아 중간지에 있는 프랑스는 골칫덩어리였다. 크고 작은 전쟁이 멈출 줄 모르고 계속되었다. 이탈리아 쪽도 사정은 마찬가지였다. 게다가 지중해를 사이에 두고 대립하던 오스만 튀르크는 커다란 위협이었다.

여러 지역에서 전쟁을 치르다 보니 투입되는 비용이 상당했다. 카를 5세는 비용 조달을 위해 그가 통치하는 지역 중 가장 부유한 저지대 사람들에게 막중한 세금을 부과했고 이는 네덜란드 독립 전쟁의 직접적인 계기가 되었다. 종교 문제도 빼놓을 수 없다. 로마의 교황보다 더 가톨릭을 신봉한다는 말이 나올 정도로 독실한 기독교 신자였던 카를 5세, 그리고 그의 계승자인 펠리페 2세는 칼뱅주의 신교를 믿는 네덜란드 사람들을 심하게 박해했다. 이로써 네덜란드는 스페인을 상대로 독립 전쟁을 벌이게 된다.

최초의 주식회사, 네덜란드 동인도회사

한편 스페인은 유럽의 부유한 식민지인 네덜란드에 관용을 베풀 생각이 전혀 없었다. 더욱 몰아붙이면서 높은 세금을 부과하여 곳곳에서 들고 일어나는 반란 세력과의 전쟁, 특히 프랑스와의 전쟁 비용으로 썼다. 카를 5세의 아들로 스페인 왕위에 오른 펠리페 2세는 네덜란드에 1만 명의 군대를 주둔시키고 칼뱅파 신교도들에게 가톨릭을 강요했다. 종교 재판을 열어 무수한 사람들을 처형했는데 6년 동안 8000여 명이 희생되었으며 약 10만 명이 국외로 도망쳤다는 기록이 있다. 저항이 없을 수 없었다.

네덜란드는 영웅 오라녜공 빌럼Willem van Oranje(영어권에서는 오렌지공 윌리엄으로 칭한다)을 지도자로 삼아 독립 전쟁을 벌였다. 전쟁은 네덜란드가 완벽한 독립국을 천명할 때까지 80년이나 이어져

'80년 전쟁'으로 불리기도 한다. 역사는 이 시기를 1567~1648년까지로 기록하고 있으나 이미 1581년부터 북부 지역은 독자 노선을 걷고 있었다. 홀란트Holland를 중심으로 한 7개 주는 빌럼을 중심으로 뭉쳐 '네덜란드 연방 공화국' 독립 선언을 했다. 나머지 10개 주는 여전히 스페인령에 머물렀는데 종교적으로 구교(가톨릭) 지역으로 스페인과 함께 가고자 했다. 이 지역이 바로 오늘날의 벨기에다.

네덜란드가 독립을 선언하자 스페인은 즉각 이들과의 교역을 금지했다. 스페인이 아메리카에서 가져오는 물자로 중계 교역을 하면서 돈을 벌어 온 네덜란드 상인들로서는 상당한 타격이었다. 스페인의 군사적인 공격도 집요했다. 해상과 육상 양쪽으로 침입하여 연방을 흔들었다. 네덜란드 연방은 해상 전투에서는 우위를 보였지만 육상에서는 패배했다. 네덜란드는 스페인의 경쟁국인 영국, 프랑스와 동맹을 맺는 등의 외교를 펼치며 공동의 적 스페인과 맞섰다. 그러면서도 한편으로 부를 축적하는 일도 멈추지 않았다.

포르투갈을 압박하여 아시아와의 향신료 교역을 지속했으나 과열 경쟁으로 이익률은 현저히 감소했다. 그런 와중에 영국이 동인도회사를 차려 식민지 교역 사업을 펼치자 크게 자극을 받았다. 그동안 각개 전투하던 개인 사업자들을 한데 모으자는 쪽으로 의견 일치를 보았다. 그리하여 탄생한 것이 바로 네덜란드 동인도회사다. 네덜란드 상인들은 투자자들을 모집하면서 지분을 증명하는 문서를 나눠 주었는데 이것이 바로 오늘날 주식의 효시다. 말하자면 네덜란드 동인도회사는 세계 최초의 주식회사였던 셈이다. 신분과 상관없이 누구든지 투자할 수 있었으며 지분도 얼마든지 양도할 수 있었다. 투자를 담보하는 주식을 발행하고 이를 거래하는 최초의 증권 거래소도 만들었다. 당연히 은행의 역할이 필요했다. 오늘날 자본주의 경제의 모습이 태동하기 시작한 것이다.

영국 동인도회사의 운영 방식은 네덜란드와 달랐다. 주식회사 형태가 아닌 건件별 투자다. 말하자면 '이번 출항에 투자할 사람 손들어' 하면서 투자자를 모은 다음에 배가 돌아오면 물건을 팔아 남긴 수익금을 배분하면 그것으로 끝. 이어서 다른 건을 만들어 또 투자자를 모은다.

네덜란드에는 부유한 투자자가 많았다. 스페인과의 교역, 인도·동인도제도와의 향신료 거래, 네덜란드 전통 모직물 판매, 발트해와 북대서양 교역, 염장 청어 판매 등으로 큰돈을 벌고 벼락부자가 된 사람이 많았다. 물론 부자들만 투자한 건 아니다. 소액 투자자도 있었는데 이 중에는 주인이 투자하는 모습을 보고 자기도 끼워 달라고 부탁해 투자자가 되었다는 하녀도 있을 정도였다.

당시 네덜란드는 유럽 중에서도 경제 강국이었다. 동인도회사는 정부로부터 다른 나라와의 조약 체결권과 상관 설치 권한도 부여받았다. 오늘날 기업들에는 없는 권력이다. 정부(왕권) 대

네덜란드 동인도회사의 본부 건물 모습과 사기(社旗). 네덜란드 동인도회사 본부 건물은 현재 네덜란드 암스테르담에 남아 있다.

리자로서 식민지 경영이 가능했으니 거의 준정부나 다름없었다. 이들은 자신들이 가진 권력을 총동원해 이익을 챙겼다. 약탈은 물론 아시아 여러 나라와의 협상에서 뜻대로 되지 않으면 군대를 동원해 학살하는 일도 서슴지 않았다. 때로는 유럽의 스페인, 포르투갈 상선을 공격해 재물을 약탈했다. 네덜란드 동인도회사는 무려 200년 동안 향신료의 생산지인 인도와 스리랑카, 자카르타(옛 이름은 바타비아)와 암본에서 막강한 세력을 형성했으며 대만, 일본과도 교역했다. 이들은 훗날 한국과도 관계를 맺는다.

헨드릭 하멜Hendrik Hamel은 일행과 항해하다가 폭풍우를 만나 표류하다가 1653년 제주도에 도착했다. 조선은 이들을 억류했는데 일행 64명 중 생존자 36명은 한양으로 보내졌다가 전라도 여러 지역에 분산 수용되었다. 그러다 14명이 죽고 8명은 탈출했으며 몇 명의 잔류자도 역시 나중에 풀어 줬다는데 자세한 기록은 없다. 당시는 국제법 개념이 없었기에 이런 일이 생기지 않았을까 싶다. 아무튼 탈출한 하멜이 그 기록을 《하멜 표류기》로 남겼다는 사실을 우리는 잘 알고 있다. 무려 13년 28일 동안의 이야기다.

당시 그는 네덜란드 동인도회사 소속의 선원이었다. 하멜 일행은 인도네시아 향신료 사업의 본거지인 자카르타에서 대만으로 갔다가, 일본에 개설된 상관이 있는 규슈 지역 히라도平戶로 항해 중 대만 해협 부근에서 폭풍우를 만나 표류하다가 제주도

헨드릭 하멜 박물관 근처에 세워진 헨드릭 하멜의 동상. 헨드릭 하멜 박물관은 네덜란드 서부에 위치한 도시 호린험에 있는데, 호린험은 한국의 강진군과 자매 도시다.

에 상륙한 것이다. 당시 조선의 군주는 효종이었다. 이들을 억류하기로 한 조선 정부의 결정이 잘된 것인지 아닌지는 판단하기 어렵다. 역사는 그대로 받아들여야 하는 것이 맞다. 그러나 그때 조금 더 서양에 문호를 개방하고 그들의 선진 기술을 배우려는 노력을 보였으면 어땠을까?

칼레 해전에서 무너진 스페인 무적함대

영국 역사에서 튜더Tudor 왕조의 엘리자베스 1세 여왕은 16세기 당시 가난한 후진국이던 영국을 세계 최대의 제국으로 만드는 기초를 다졌다고 평가받는다. 스페인에서는 카스티야 왕국의 이사벨 여왕이 대항해 시대를 열었다. 신대륙은 스페인을 유럽 최강국으로 이끄는 원동력이 되었다. 한편 같은 시기 영국은 가난한 후진국이었다. 그런데 스페인의 식민지인 네덜란드가 이런저런 사업으로 부유해지면서 독립을 꾀하기 시작했다. 또한 막강한 자금력과 우수한 조선술, 항해술로 동인도의 향신료 사업에 뛰어들었다. 향신료 원산지인 인도, 스리랑카, 믈라카, 말루쿠제도로 향했는데 그때마다 미리 자리를 잡고 있던 포르투갈과 부딪칠 수밖에 없었다. 평화롭게 거래가 이루어지기란 애당초 틀린 일이었다.

늘 적지 않은 희생자를 내야 하는 향신료 교역에 넌덜머리가 난 네덜란드는 방향을 틀었다. 포르투갈을 그들의 관심 지역에서 완전히 몰아내고 독점적으로 교역하기로 정책을 바꾼 것이다. 포르투갈의 압제에 시달리던 원주민은 네덜란드 편을 들었다. 그렇게 포르투갈은 한 세기에 걸쳐 구축한 향신료 원산지의 상관과 요새들을 잃었다. 인도 서해안 후추 교역지와 스리랑카 시나몬 요새, 말레이반도의 믈라카, 말루쿠제도의 트르나테, 암본이 네덜란드로 넘어갔다.

한편 영국에서는 어떤 일들이 벌어지고 있었을까? 1588년, 스페인의 무적함대가 영국을 침공하는 사건이 일어났는데 바로 칼레Calais 해전이다. 당시 스페인의 함대는 너무나 막강해 '무적함대Spain Armada'라는 별칭으로 불렸다. 전적도 화려해 펠리페 2세의 아버지 카를 5세 때는 튀니지에서, 펠리페 2세 때에는 그 유명한 레판토 해전에서 각각 오스만 함대를 물리쳤다. 그렇다면 스페인은 왜 굳이 약소국이던 영국을 침략했을까?

그 이유는 엘리자베스 여왕의 '괘씸죄'였는데 나열하면 다음과 같다. 우선 펠리페 2세가 엘리자베스 여왕에게 청혼했는데 여왕이 일거에 거절하는 바람에 자존심이 상했다. 펠리페 2세는 분을 삭이지 못했다. '가난한 섬나라 주제에 대大스페인 군주의 청혼을 거절해?' 물론 여기에는 다른 정치적·종교적 이유도 있었을 터다. 그런데 우리 식대로 계산하면 당시 펠리페 2세는 엘리자베스의 형부였다. 엘리자베스의 이복언니 겸 선왕인 메리 1세의 남편인 것이다. 또 다른 이유는, 스페인에 반기를 든 네덜란드를 도와준 데 대한 괘씸죄였다. 심지어 영국은 가톨릭이 아닌 개신교(성공회)를 믿고 있었다. 그러나 가장 큰 괘씸죄는 따로 있었으니, 바로 영국 해적 프랜시스 드레이크의 노략질이었다. 1585년, 드레이크는 서인도제도 카리브해에서 스페인 상선을 무차별 공격해 왕실 자산을 약탈했다. 펠리페 2세가 엘리자베스에게 그의 체포를 요구했는데 여왕은 체포는커녕 그에게 작위를 주었다. 그랬으니 펠리페 2세의 분노가 어떠했을지 가히 짐작할 만하다.

1588년 8월, 메디나 시도니아 공작을 총사령관으로 하여 선박 130척, 선원 8000명과 병사 1만 9000명으로 구성된 무적함대가 영국 해협 사이에 있는 프랑스 칼레 인근으로 출항했다. 참고로 이순신 장군의 한산도 대첩이 1592년에 있었으니 이보다 4년 빨랐다. 두 해전 모두 '세계 4대 해전'으로 꼽히는 유명한 전투다. 다른 둘은 기원전에 그리스와 페르시아 간 벌어졌던 살라미스 해전, 프랑스의 나폴레옹과 영국 넬슨 제독이 맞붙은 트라팔가르 해전이다. 그렇다면 이 다윗과 골리앗의 전투는 어떻게 됐을까? 결론부터 말하자면 승자는 영국이었다.

여기서 잠시 칼레 해전의 영웅으로 추앙받는 프랜시스 드레이크에 대해 알아보자. 그의 프로필을 찾아보면 군인, 해적, 함장, 모험가, 기사Knight 등이다. 그가 참전한 대표 전투가 칼레 해전이고 그 외에도 스페인과의 몇몇 소규모 전투에 참여한 바 있다. 카리브해에서 스페인 상선을 약탈하는 해적질도 주요 이력이었다. 세계 일주 역시 중요한 행적이었는데 역사적으로 페르디난드 마젤란이 첫 번째 세계 일주자고(사실 그는 일주를 못 하고 필리핀에서 죽었다), 드레이크가 두 번째 일주자다(완벽한 걸로 치면 첫 번째일 터다). 비교하자면 마젤란은 향신료를 찾아 말루쿠제도를 목표로 항해했고 드레이크는 약탈을 목표로 스페인 상선을 찾아다니며 세계를 일주했다. 마젤란은 태평양 항해 중 갑판에서 망원경으로 육지를, 드레이크는 스페인의 갤리언선을 찾았을 것이다. 드레이크의 세계 일주는 1577년 영국 서남부의 항구 도시 플리머스에서 시작해 1580년에 끝났다.

칼레 해전의 한 장면을 묘사한 그림. 프랜시스 드레이크가 지휘하는 영국군이 스페인의 무적함대에 맞서 화공을 펼치고 있다.

16세기에 활약한 해적이자 군인이었던 프랜시스 드레이크. 탁월한 모험심으로 세계에서 두 번째로 세계 일주에 성공했다.

1540년에 태어난 드레이크는 1596년, 56세의 나이로 사망했다. 이순신 장군이 1545년에 출생해 1598년에 사망했으니 거의 같은 시기를 바다에서 보낸 영웅들이라 하겠다. 조선의 도덕군자가 해적질을 하거나 약탈할 리는 없으니, 이순신 장군을 드레이크와 같은 무뢰한과 비교하는 것은 무리가 있다고 생각할 수도 있다. 그러나 동서양에서 각각 영웅으로 추앙받는 두 인물을 비교하는 것도 의미가 있을 법하다.

드레이크는 초년기에 카리브해의 설탕 재배지인 스페인 식민지 섬들에 아프리카 노예를 공급하는 일을 했다. 이 노예들은 아프리카 서해안에서 나포한 이들이었다. 드레이크가 직접 그 일에 간여했는지 이송만 했는지는 알려지지 않았다. 그러다가 그의 삶을 뒤바꾸는 사건이 발생한다. 카리브해의 어느 스페인 식민지 총독과 거래를 하다가 충돌이 생겨 배가 침몰하고 목숨만 겨우 건진 것이다. 그 후 그는 스페인 선박과 식민지 마을을 공격해 약탈하는 해적으로 변모했다. 그런데 특이하게도 그는 약탈한 재물, 즉 금이나 은 같은 고가의 귀중품을 엘리자베스 여왕에게 진상했다. 모험과 도전을 즐기는 여왕은 이에 화답이라도 하듯 드레이크의 해적 행위를 눈감아 주고 심지어 후원까지 했다.

엘리자베스 여왕의 반反스페인, 반펠리페 행위에는 사감私感도 작용했다는 추측이 있으나 그보다는 부실한 국고를 채우는 일로 보았던 것이 아닌가 싶다. 스페인의 상선에 실린 재물, 특히 금과 은 등은 아메리카 원주민들로부터 약탈한 것이다. '약탈한 것을 약탈하는데 무슨 죄랴' 하는 합리화도 작용했을 것이다.

드레이크는 평범한 해적이 아니었다. 그중 규모가 큰 약탈 건들이 기록에 남아 있다. 1573년에 파나마 포토시 광산에서 은을 잔뜩 실은 스페인 선단이 이탈리아 시에나로 가는 도중 드레이크를 만났다. 당시 약탈한 은이 너무 많아 15톤을 바다에 버리고 영국으로 돌아왔을 정도라고 하니 약탈 규모가 어느 정도였을지 짐작이 가고도 남는다.

향신료에 대한 열망은 포르투갈이나 네덜란드만의 것이 아니었다. 영국은 포르투갈이나 네덜란드와 달리 북극해를 통해 말루쿠로 가는 길을 모색했다. 실패와 좌절이 있었으나 아예 포기한 것은 아니었다. 1577년, 영국 상인들은 다시 돈을 모아 프랜시스 드레이크에게 그 일을 맡겼다. 마침내 프랜시스 드레이크가 지휘봉을 잡고 새 원정 항해를 시작했다.

프랜시스 드레이크의 세계 일주

엘리자베스 여왕이 드레이크 원정대를 적극적으로 지지했음은 물론이다. 표면적으로는 남태평양 원주민들과 무역 조약을 체결하는 것을 목표로 하는 탐험이었지만 여왕과 드레이크는 다른 생각을 하고 있었다. 그들의 목표는 스페인의 배와 그들의 거점을 약탈하는 것이었다. 여왕은 약탈해도 좋다는 허가(사략권)를 드레이크에게 내려 주었다. 여왕은 드레이크에게 이렇게 말했다. "스페인 왕(펠리페 2세)에게 짐이 받았던 많은 상처를 되돌려 줄 수 있다면 무한히 기쁠 것이다." 원정의 목표지는 극비 사항이어서 영국 해안을 벗어날 때까지 선원들은 자기들이 어디로 가는지 알지 못했다. 1577년, 드레이크는 배수량 300톤급 갤리언선 골든 하인드Golden Hind호를 주선으로 삼아 5척의 배로 선단을 꾸려 잉글랜드 남쪽 플리머스항을 떠났다.

선단은 대서양을 거쳐 남미의 악명 높은 마젤란 해협을 지나 태평양에 진출했다. 마젤란 해협을 통과하면서 작은 배들을 상당수 잃고 한 척은 런던으로 귀항시킨 뒤 모선 하나로 항해를 계속했다. 칠레와 페루 연안으로 북상하면서 스페인 배와 식민지들을 신출귀몰 약탈했다. 그리고 태평양을 건넜다. 마젤란이 "꼬박 68일 동안 눈에 보이는 것은 온통 하늘과 바다뿐이었다"고 했던 바로 그 바다였다. 그 후 50여 년이 지나서야 영국 배가 말루쿠해의 트르나테와 티도레의 화산 봉우리를 보았다.

드레이크의 이 항해 경비는 여왕이 부담하지 않았고 런던 상인들이 함께 투자했다. 런던 상인들이 그에게 돈을 모아 준 이유는 동인도제도로 가서 향신료를 가져오라는 것이지, 스페인 배를 약탈해 금은보화를 가져오라는 것이 아니었다. 그러나 드레이크는 주저 없이 스페인 배를 약탈했다. 그리하여 그의 배에는 약탈한 재물들로 가득했고 그대로 귀국해도 상인들에게 충분히 보상할 만했다. 그러나 드레이크는 향신료에 대한 상인들의 기대를 저버릴 수 없었다. 트르나테나 티도레 모두 정향의 산지였으므로 어디든 닻을 내리고자 했다. 그런데 어찌된 일인지 트르나테 술탄이 스스로 마중을 나왔다. 포르투갈이 술탄을 겁박하여 싼값에 정향을 쓸어 가는 것에 대한 불만이 있었던 터라 영국을 이용해 포르투갈을 견제하려는 의도였다.

거친 해적 드레이크는 예의를 갖추어 술탄의 초빙에 응했고 좋은 분위기 속에서 배에 다 싣지도 못할 정도로 많은 양의 정향을 샀다. 정향, 그리고 식량용 콩과 곡식을 최대한 많이 싣기 위해 여러 대의 대포를 물에 던져 버려야 했을 정도였다. 기분이 좋아진 그는 영국이 트르나테와 지속적으로 거래할 것이며 엘리자베스 여왕에게 보고해 트르나테를 보호해 주겠다고 장담했다. 수개월 후 골든 하인드호는 플리머스항으로 금의환향했다. 1580년 9월의 일이었다.

배에는 향신료 말고도 금은, 진주 등의 보화가 가득 실려 있

프랜시스 드레이크의 세계 일주 경로. 덕분에 드레이크는 엘리자베스 여왕으로부터 기사 작위를 받았다.

었음은 물론이다. 많은 사람이 배가 들어오는 장면을 보려고 항구로 몰려들었다. 옛 로마에서 개선장군이 들어올 때가 그러했을까. 1581년 런던의 다트퍼드항에서 엘리자베스 여왕이 배에 올라 이 용감무쌍한 지휘관에게 기사 작위를 수여했다. 그 후에 이들의 역사적 항해를 기리기 위한 노래와 송시들이 만들어졌다. 영국인들은 드레이크가 항해했던 동방이 자기들 군주인 여왕의 땅이라 생각했다. 트르나테에서 가득 실어 온 향신료의 가치는 약탈한 금은보화에 비하면 미미한 수준이었다. 당시 기록은 금은보화의 가치를 30만 파운드로 적고 있으며 이는 당시 영국의 국고 세입을 훨씬 초과하는 금액이었다.

드레이크의 성공에 한껏 고무된 영국 상인들은 말루쿠제도로 떠날 선단과 지휘자를 물색했다. 그러나 드레이크는 향신료 교역을 위한 정보를 별로 남겨 놓지 않았다. 향신료 값을 기록하기는 했지만 중량 단위가 없어 얼마에 사 왔는지 알 수 없었고 무엇보다 물물 교환을 할 때 원주민들이 어떤 물건을 선호했는지에 관한 언급이 없었다. 장사와는 거리가 먼 약탈자일 뿐이었으니 어쩌면 당연한 일인지도 몰랐다.

물론 드레이크는 일반적인 해적들과는 달랐다. 그는 다음 항해에 필요한 정도의 돈만 챙기고 약탈한 재물의 대부분을 여왕에게 바치는 대범하고 정치적인 인물이었다. 물론 그 대가로 자신의 죄가 사면되리라 계산했겠으나 그의 모험심을 고려하면 딱히 그것만으로는 설명할 수 없다. 훗날 스페인 무적함대를 괴멸시켜 영국을 '해가 지지 않는' 대제국으로 만드는 데 크게 기여한 사실로 미루어 영국인 입장에서 영웅시할 부분이 없지는 않다.

그렇다면 드레이크는 어떻게 스페인의 무적함대를 물리칠 수 있었을까? 스페인은 무적함대로 타격을 준 후 네덜란드 플랑드르 전선에 있는 육군을 상륙시켜 곧바로 왕실로 쳐들어갈 계획이었다. 일단 육상전이 펼쳐지면 허약한 영국군은 그대로 도망치리라는 게 펠리페의 생각이었다. 그러나 전투는 스페인의 의도대로 흘러가지 않았다. 엘리자베스 여왕은 프랜시스 드레이크를 사령관으로 삼아 바다를 봉쇄했다. 드레이크는 칼레에 대규모 선단이 집결한 것을 보고 소규모 함선으로 게릴라 전투를 시작했다. 이리저리 피해 다니면서 배에 불을 질렀다. 동양식 표현으로 화공火攻이다. 그러자 덩치 큰 스페인 함선 상당수가 불에 타서 침몰했다. 바람도 영국을 도왔다. 큰 타격을 입고 돌아가던 스페인 선단은 폭풍우를 만나 거의 괴멸했다.

칼레 해전의 양상은 여러 역사책에서 서로 달리 다루고 있어 무엇이 진실인지 알기 힘들다. 승리 요인에 관한 분석도 제각각이다. 영국의 포 사거리가 스페인보다 길었기 때문이라고도 하고, 스페인 갤리언선이 너무 느려서 바람에만 의존하지 않고 노로도 움직이는 영국의 소형 전투함의 민첩한 공격 앞에 속수무책이었다고도 한다. 그러나 공통적으로 높이 평가하는 부분이 바로 화공이다. 드레이크의 해적식 전투에다 예상치 못한 바람이 더해져 스페인이 패배했다고 보고 있다. 어쨌든 칼레 해전 이후 대서양의 힘의 균형은 깨졌다. 무적으로 여겨지던 스페인은 쇠락의 길을 걷고 영국은 대영 제국의 발판을 마련한 것이다.

세익스피어가 주목한 랠프 피치의 육로 모험

영국의 상인들은 드레이크의 성공에 고무되어 또 다른 향신료 교역을 기획했다. 이번에도 성공하면 아예 정례화하여 이 수익성 좋은 사업을 이어 가기를 원했다. 그러려면 정확한 정보가 더 있어야 했다. 포르투갈이나 네덜란드에서 정보를 구하기는 불가능했고, 드레이크의 항해 일지는 빈약했다. 상인들은 다방면으로 적임자를 물색한 끝에 부유한 지주 출신 펜턴이란 인물에게 지휘봉을 맡겼다. 그러나 항해 경험이 없는 몽상가였던 펜턴은 아프리카 서안의 대서양도 벗어나지 못하고 헤매다가 돌아왔다.

상인들은 포기하지 않았다. 의지가 굳은 상인 출신이 항해에 참여해야 한다는 것을 깨닫고 당시 국제 무역 회사인 레반트Levant Company에서 일하던 랠프 피치Ralph Fitch에게 일을 맡겼다. 그는 1583년부터 1591년까지 8년여를 여행하고 돌아왔는데 이때 겪었던 일을 세세히 기록했다. 특히 후추 생산지인 인도의 항구와 도시 정보를 기록해 추후 영국의 향신료 무역에 중요한 자료로 쓰였다. 피치는 이후 생긴 영국 동인도회사의 중요한 조언자가 된다. 그의 자료에는 오늘날에도 뉴스에 자주 오르내리는 중동의 도시들이 언급되어 있었다. 육로로 도달했던 지역에 대한 기록과 함께 당시 포르투갈의 향신료 무역 기지 등을 포함해 흥미로운 이야기들이 담겨 있는데 그 일부를 소개한다.

랠프 피치 일행은 1583년 2월, 타이거로 이름 붙여진 배로 시리아의 트리폴리(현재 리비아 수도)로 향했다. 그와 동행한 4명의 인사는 상인 출신 존 뉴베리John Newberry와 존 엘드리드John Eldred, 보석상인 윌리엄 리즈William Leeds, 화가인 제임스 스토리James Story 등이었다. 레반트사에서 이들 항해를 지원했음은 물론이다.

트리폴리까지는 지중해를 통해 배로 갔다. 그런 다음 시리아에서 제일 큰 도시인 알레포Aleppo(오늘날 시리아 정부군과 반군 간의 격전지다)까지는 대상과 함께 육로로 이동했다. 낙타를 타고 유프라테스강으로 나아가 팔루자Fallujah(2004년에 미 해병대, 이라크 정부군, 영국군이 합동으로 이라크 반군과 치열한 시가전을 펼쳤던 곳이다)를 거쳐 메소포타미아 지방을 건너 바그다드, 그리고 티그리스강을 내려가 바스라Basra(이라크 최대의 석유 수송항)에 도착했다. 이때가 1583년 5월이었다. 엘드리드는 그곳에 남고 피치와 나머지 3명은 배를 타고 호르무즈Hormuz로 향했다. 호르무즈는 포르투갈 상관과 요새가 있는 곳이었다. 포르투갈 대항해의 영웅 아폰수 드 알부케르크가 1506년에 이곳을 점령하면서 요새를 건설하고 향신료 무역을 시작한 이래 두 세대가 지난 후 영국의 피치 일행이 당도한 것이다.

호루무즈섬은 너비가 40제곱킬로미터 정도인 작은 섬으로 페르시아의 가까운 육지와는 60킬로미터 정도 떨어져 있다. 인도 서해안의 포르투갈 점령지 고아와 유럽을 잇는 중간 기착지 역할을 담당하는 페르시아 무역의 허브다. 마르코 폴로도 《동방견문록》에서 이곳을 언급하면서 "이곳은 향신료, 보석, 진주, 비단, 직물, 상아 등을 거래하는 인도 상인이 모여 있다"라고 소개했다.

호르무즈는 오늘날 이란의 국제 관계에서 매우 중요한 장소다. 이란은 미국의 제재에 맞서 호르무즈 해협을 봉쇄하겠다고 위협하고 있다. 이곳이 막히면 해상 원유 수송로가 끊긴다. 세계 원유 무역에 치명적인 타격이 될 것임을 알고 미국을 위협하는 것이다. 이 해협을 통해 운송되는 원유는 세계 원유 수송량의 20퍼센트라고 하니 그럴 만하다. 사우디아라비아, 쿠웨이트, 이라크, 카타르, 아랍에미리트, 그리고 이란 자신이 이곳을 통하는 원유 공급자다. 한국과 중국, 일본도 마찬가지다. 특히 우리나라는 원유의 80퍼센트를 중동에서 가져오는데 그중 70퍼센트가 호르무즈 해협을 통과한다. 국가 경제에 치명적 손상을 입을 수도 있다는 뜻이다. 16세기나 오늘날이나 호르무즈가 국제 관계에서 중요한 역할을 하는 지점이라는 사실이 흥미롭다.

호르무즈섬에 도착한 피치 일행은 곧바로 포르투갈 사람들 눈에 띄었다. 그들은 처음 보는 낯선 영국인들에 놀랐다. 그래서 이들을 첩자로 의심해 즉시 체포하고 감옥에 가뒀다. 호르무즈 포르투갈 요새와 상관은 총독부 소관이어서 그들을 총독부가 있는 인도의 도시 고아로 압송했다. 그런데 고아에는 토머스 스티븐Tomas Steven이라는 영국 신부가 살고 있었다. 자국인이 감옥에 있다는 사실을 알게 된 신부는 보석금을 주며 석방을 요구했다. 토머스 스티븐은 영국 역사상 최초로 인도를 방문한 사람으로

호르무즈 해협은 페르시아만과 아라비아반도 사이에 위치한 좁은 해협으로, 페르시아만 연안의 항구에서 출발한 유조선이 반드시 지나야 하는 요충지다.

기록되어 있다.

다행히 신부의 도움으로 피치 일행은 모두 석방되었다. 석방된 이들은 각자 갈 길을 가기로 하고 헤어졌다. 화가인 제임스 스토리는 수도사가 되기로 작정하고 수도원에 들어갔고, 뉴베리는 그곳에 정착했다. 피치와 보석상 리즈는 타지마할로 유명한 무굴 제국의 도시 아그라Agra로 갔는데, 리즈는 그곳에서 직장을 얻어 정착했다고 하지만 자세한 내용은 알려지지 않았으며 악바르Akbar 황제의 신하가 되었다는 이야기도 있다.

결국 랠프 피치는 홀로 여행을 계속한다. 소금, 아편, 납, 카펫 등을 싣고 야무나Yamuna강을 항해하는 선단의 수송선을 타고 인도 북부 알라하바드에 도착하는데 이때가 1585년 11월이었다. 그러고 다시 줌나강과 갠지스강을 따라 인도 동부 파트나Patna에 이르고 먼 동쪽 치타공Chittagong(현 방글라데시 동쪽 벵골만에 면한 도시)까지 갔다. 거기서 미얀마 땅으로 들어가 양곤(옛 이름은 랑군이다)으로 내려가서 이라와디Irrawaddy강을 타고 북쪽으로 올라갔다.

지금의 태국 치앙마이와 치앙라이 지역에 있던 란나Lanna 왕국에 도착한 때가 1586년 12월이었다. 거기서 남쪽으로 가면 향신료 교역의 최대 요새 믈라카에 이른다. 피치는 1588년 초에 드디어 믈라카에 도착했다. 믈라카는 지금도 말레이시아의 주요 도시다. 쿠알라룸푸르에서 남쪽으로 145킬로미터, 자동차로 2시간 거리다. 피치는 그해 가을 귀국길에 올랐다. 귀국하는 루트는 다음과 같았다. 벵골만의 인도 동해안을 돌아 포르투갈 요새 지역 고친과 고아를 거쳤다. 거기서 다시 호르무즈, 페르시아로 들어가서 바스라, 티그리스강을 통하고 모술, 유프라테스강을 통하여 비르Bir로 갔다. 1591년, 마침내 런던으로 돌아왔는데 무려 8년 만이었다. 그를 아는 모든 이는 그가 살아 돌아올 거라 생각하지 않았다. 그만큼 위험했던 여행이었던 것이다. 세계 일주를 마친 그는 일상으로 돌아와 원래 직업인 상업 활동을 하며 살았다.

랠프 피치의 경험은 1600년 영국이 동인도회사를 세워 아시아를 경영하고자 했을 때 매우 중요한 정보가 되었다. 그는 엘리자베스 여왕이 인정하고 의지했던 탐험가 중 한 사람이었다. 여기에는 프랜시스 드레이크 경, 그리고 다음에 이야기할 제임스 랭커스터James Lancaster 경이 포함되어 있다. 여왕이 가까이 두고 후원한 천재 극작가, 영국의 자랑, 윌리엄 셰익스피어는 《맥베스》에서 피치의 기록을 인용했다. 피치가 타고 떠났던 배, 타이거호도 그대로 등장한다. "타이거호의 주인인 그녀의 남편은 알레포로 갔다"는 대목이 바로 그것이다.

1591년, 피치가 세계를 여행하고 귀환한 사건 말고도 영국의 도전은 많았다. 1600년에 동인도회사를 설립하여 본격적인 향신료 무역에 뛰어들기 전에도 많은 이가 탐험했으나 대부분 실패했다. 그들을 후원한 런던의 모험적인 상인들 사이에서도 동인도 진출은 실익이 없다고 생각하는 분위기가 팽배했다. 항해 실패는 투자 손실뿐 아니라 귀중한 목숨이 걸린 문제였다. 어느 선단은 영영 돌아오지 않았다. 일부라도 귀환했다면 그동안 무슨 일이 있었는지 알겠지만 이를 말해 줄 사람은 없었다. 동쪽으로 떠난 선단의 잔해가 서인도에서 발견되기도 했는데 왜 그곳에 있었는지는 알 수 없었다. 성공했든 실패했든 그들의 항해 일지는 목숨과 맞바꾼 귀중한 자료였다.

엘리자베스 여왕에게는 프랜시스 드레이크 말고도 또 한 명의 신실한 모험가가 있었다. 바로 제임스 랭커스터라는 무역상이었다. 그는 영국 동인도회사의 첫 번째 항해를 이끌어 영국의 동인도 진출에 초석을 놓은 사람이다. 그런 그에게는 성공적 항해 이전에 실패했던 경험을 기록한 항해 일지가 있었다. 이 기록이 동인도 항해를 이해하는 데 도움이 될 듯하여 그 행적을 좇아 보려고 한다.

제임스 랭커스터의 인도양 항해

영국이 스페인과의 전쟁에서 승리를 거둔 16세기 말, 향신료 무역에 대한 관심은 한층 높아졌다. 후추, 계피, 정향 등의 향신료 수요가 점점 커졌고 리스본과 암스테르담, 런던을 오가며 교역하는 네덜란드 상인들이 돈을 쓸어 담는 모습을 속절없이 바라만 보아야 했으니 애가 탈 수밖에 없었다. 네덜란드 상인들은 직접 선단을 꾸려 동인도제도에서 향신료를 가져오기도 했다. 항해 자료가 충분치 않았던 런던 상인들은 포르투갈과 네덜란드인들에게 구하려고 애썼으나 그들은 극비로 취급하며 어떤 자료도 내주지 않았다. 직접 이 사람 저 사람을 인도양으로 보내 정보를 얻으려 했으나 북쪽으로 간 선단도, 서쪽과 남쪽으로 간 선단도 계속해 실패하면서 적지 않은 돈만 날렸다. 그러다가 드디어 제

제임스 랭커스터의 초상화. 랭커스터는 영국 동인도회사의 첫 번째 항해를 성공했고 이는 영국의 동인도 진출로 이어졌다.

임스 랭커스터 차례가 왔다.

그는 어린 시절부터 포르투갈에서 살았다. 그곳에서 상단에 들어가 근무하고 군 복무도 했다. 포르투갈이 스페인과의 전쟁에서 패하자 그는 모든 것을 잃고 영국으로 피신했다. 드레이크 선단에 합류해 지휘관으로 칼레 해전에도 참여했다. 전쟁 후에는 풍부한 지식을 이용해 무역업에 종사했다. 1554년생으로 추측되는 그는 거친 뱃사람이자 완고한 원칙주의자로 규율을 중시하는 엄격함이 있었다. 매일 기도하는 것을 규율로 삼을 만큼 신앙심도 깊었다. 1591년, 랭커스터는 3척의 배와 198명의 인원으로 선단을 꾸리고 플리머스항을 떠났다. 그의 배는 에드워드 보나벤처Edward Bonaventure호였고 함께한 다른 배는 페넬로페Penelope호와 머천트 로열Merchant Royal호였다. 탐사가 목적이어서 물물 교환용 물품은 싣지 않았다.

그의 선단도 유럽의 다른 배들처럼 아프리카 서북부 카나리아제도와 아프리카 서쪽 끝 카보베르데제도를 거쳤는데 마침 바람도 좋아 순조롭게 항해했다. 가는 길에 포르투갈 캐러벨 범선Caravel ship을 발견하고 싣고 있던 재물을 약탈했다. 포도주 60톤, 수천 개의 기름 단지, 초절임 피클 등이 있었다. 지금 기준으로 보면 범죄 행위지만 당시는 이런 약탈이 상습적으로 일어났다. 대항해 시대에 바다는 약육강식의 세계였다. 가난한 영국 배가 부자 나라인 스페인이나 포르투갈 배를 약탈하는 것은 오히려 대단한 일이었다. 어차피 그들도 인도 등지에서 약탈해 온 것이니 영국으로서는 큰 차이가 없었다.

랭커스터 일행은 카보베르데를 지나 아프리카 남쪽 희망봉으로 가는 도중 폭풍우를 만나 반대 방향으로 떠밀려 갔다. 브라질 방향이었다. 다시 방향을 잡고 희망봉으로 향할 때 선원들이 제일 무서워하는 무풍지대에 들어섰다. 이곳에 들어서면 배는 움직이지 못한다. 그냥 바다에 떠 있으면서 꼼짝도 못 하는 상황이 된다. 길게는 무려 수개월을 그러고 있다가 식량과 물이 떨어지면 전원 사망에 이를 수도 있다. 비스킷이나 염장 생선 등으로 연명하다가 무기력증에 걸리기도 한다. 피부가 뜨고 몸에서 악취가 나는가 하면 잇몸이 상해 이가 함몰되고 숨쉬기가 어려워진다. 이 괴혈병으로 선원들은 하나둘 죽어 나갔다.

괴혈병은 항해자들에게는 치명적인 질병이었다. 영국 선단뿐 아니라 100여 년 전에 이 항로를 항해했던 포르투갈의 바스쿠 다가마 선단도 괴혈병으로 수많은 선원을 잃었다. 괴혈병이 비타민 C의 결핍 때문에 생긴다는 사실은 20세기에 들어서야 알게 되었다. 1700년대 후반에 제임스 쿡 선장이나 영국 해군은 오렌지와 같은 감귤류를 먹으면 낫는다는 걸 알고 있었다. 그래서 그들은 오렌지 주스를 꼭 싣고 항해했다. 그러나 그 이전까지 대항해 시대로부터 백수십 년 동안 수많은 선원이 이유도 모른 채 이 병에 걸려 죽었다.

희망봉으로 항해하는 배들은 대부분 테이블만Table Bay이라 이름 붙여진 해안에 정박해 휴식을 취하면서 식품을 구했다. 오늘날 남아프리카공화국 케이프타운이 있는 만灣이다. 랭커스터 일행은 신선한 과일을 얻기 위해 원주민과 만났는데 이를 기록하면서 그들을 마치 짐승처럼 묘사했다. 과일은 얻지 못했지만 대신 많은 고기를 구할 수 있었다. 조그만 칼 한 자루와 황소 몇 마리를 바꾸었다. 한편 선원들의 건강 상태는 심각했다. 진단해 보니 정상 상태는 100명도 채 되지 않았고 50여 명은 위중했다. 랭커스터는 결단을 내렸다. 머천트 로열호에 병자를 싣고 영국으로 귀환하라고 명령했다. 그는 남은 2척의 배, 에드워드 보나벤처호와 페넬로페호로 항해를 계속했다. 그러나 곧 일어날 재앙은 꿈에도 몰랐다. 테이블만을 떠나 희망봉을 도는데 갑자기 폭풍을 만났다. 페넬로페호가 그대로 침몰하면서 그 배의 모든 선원이 수장되어 버렸다. 에드워드호에서도 사고가 났다. 벼락이 배에 내리쳐 4명이 즉사했고 여러 사람이 다쳤다. 이처럼 탐험에 나선 당시 유럽인의 목숨은 초개草芥와도 같았다.

1591년, 제임스 랭커스터의 첫 항해는 실패했다. 그러나 이 항해는 영국인 최초의 인도양 항해였으며 이때의 기록은 훗날 동인도회사 발족에 절대적인 영향을 끼쳤다. 그의 경험은 이후 영국 발전의 초석이 되었다. 그리하여 그의 1591년 항해를 계속 따라가 보고자 한다. 그의 항해 이야기는 여러 곳에서 서로 달리 전해지지만, 여기서는 가일스 밀턴Giles Milton의 저서 《향료전쟁》에서 기술한 내용을 골격으로 한다.

랭커스터는 포르투갈이 장악한 인도의 후추에는 관심이 없었던 것처럼 보인다. 그의 목적은 전설의 향신료 섬들이 있는 스파이스제도, 즉 말루쿠제도였다. 이미 그곳에 요새와 상관을 차려 놓고 막대한 부를 얻고 있던 포르투갈은 항로를 비밀에 부치고 발설하는 자는 사형에 처한다는 법을 두고 있었다.

랭커스터가 이끄는 배, 에드워드 보나벤처호는 이제 홀로 남아 항해해야 했다. 아프리카 남안을 돌아 북상하여 모잠비크에 이르렀는데 항구에 진입했다가 에드워드호의 원래 주인인 윌리엄 메이스가 원주민에게 살해당하는 일이 벌어졌다. 부랴부랴 그곳을 떠나 잔지바르 항구에 도착한 일행은 그곳에서 동인도제도에 대해 잘 안다는 흑인 안내자를 소개받았다. 그러나 오히려 이 사람 때문에 인도양에서 길을 잃고 헤매는 불운을 겪었다. 랭커스터 일행은 중간 보급지로 생각했던 인도 남부 래카다이브Laccadive제도를 놓치고 만다. 다음 보급지로 생각했던 수마트라 북쪽 니코바르Nicobar제도도 해류가 바뀌는 바람에 도착하지 못하고 말았다. 그리하여 보급도 받지 못하고 망망대해를 헤매던 중 다행히 말레이반도의 피낭섬에 이르렀다.

앞에서 언급한 섬들을 구글 지도에서 찾아보자면, 먼저 래카다이브제도는 오늘날 락샤드위프Lakshadweep라는 인도 영토의 섬을 가리키는 것으로 보인다. 아프리카에서 동인도로 가는 직선 항로에서 북방으로 치우친 아주 작은 섬들이다. 동쪽으로 스리랑카가 있고 남쪽으로는 관광지로 유명한 몰디브제도가 있다. 몰디브 쪽으로 가면 더 가까울 텐데 왜 구태여 그쪽으로 갔는지는 의문이다. 아마도 몰디브가 포르투갈 식민지여서 혹시나 있을 충돌을 피하려 했는지도 모르겠다.

니코바르제도는 오늘날 인도령인 안다만Andaman제도의 일부다. 앞서 랭커스터가 니코바르에 배를 대려다가 해류가 바뀌면서 피낭섬으로 갔다고 했는데, 지도상으로도 한참 떨어진 곳이다. 피낭섬에서 해안을 따라 말레이반도 남쪽으로 내려가면 얼마 안 가서 향신료 교역의 중심지 믈라카에 이른다. 믈라카는 포르투갈이 견고하게 지키고 있던 곳이라 랭커스터가 그곳을 피하려 했는지는 알 수 없다.

1592년 6월, 피낭에 이르렀을 때 살아남은 선원은 고작 33명뿐이었다. 그나마 11명은 뱃일에 도움이 안 되는 병자였다. 하릴없이 피낭 해안에 정박하고 있을 때 커다란 포르투갈 배를 발견했다. 랭커스터는 그 배를 공격해 약탈하기로 마음먹었다. 위험을 무릅써야 했지만 굶어 죽지 않으려면 어쩔 수 없었다. 선원들에게 장전을 명령하고 곧 포격을 시작했다. 뜻밖에 포르투갈 선원들은 항거도 없이 구명정을 타고 도망갔다. 배에 올라가 보니 청동 대포 16개, 와인 300병, 기타 다양한 잡화가 가득했다. 랭커스터 선원들은 그것들을 모두 옮겨 싣고 곧바로 줄행랑쳤다.

스리랑카로 항해하는 동안 선원들은 고국으로 돌아가자고 요청했다. 더는 고집을 세우기 어려웠던 랭커스터는 이들의 요구를 받아들이고 귀국을 결정했다. 그들은 다시 광활한 인도양으로 향했다. 아프리카 희망봉을 돌아 대서양으로 진입해 세인트헬레나섬에 닻을 내렸다. 세인트헬레나섬은 후에 나폴레옹이 유배되어 살다가 죽은 곳이다. 당시 이 섬은 아메리카로 항해하던 배들이 들러 물을 공급받는 기지로 사용되었는데, 포르투갈인들이 반입한 과일과 채소도 보급받을 수 있었다. 이들은 섬을 떠나 영국으로 돌아가는 도중에 다시 한번 역풍을 만났다. 6주 동안 대서양을 표류하면서 앓아누웠던 랭커스터는 마침내 기운을 차리고 고갈된 식량과 물품을 카리브해의 서인도제도에서 조달받기로 했다.

이들은 우여곡절 끝에 서인도제도 변경의 모나Mona라는 섬에 상륙할 수 있었다. 5명만 남기고 모두 상륙했는데 그만 남아 있던 인원들이 몰래 배를 몰고는 달아나 버렸다. 졸지에 섬에 남겨진 이들의 심정은 어떠했을까. 다행히 한 달 후 수평선 아득히 선박 한 척이 지나는 것을 본 이들은 모닥불을 피워 구조를 요청했다. 그렇게 그들은 영국으로 돌아왔다. 이때가 1594년 5월, 3년 하고도 6주 이틀 만에 밟는 고국 땅이었다. 198명으로 출항해 25명이 살아 돌아왔다. 런던의 상인들은 막대한 손해를 보았고 다시는 향신료 사업에 손댈 엄두도 못 내게 되었다. 그저 네덜란드가 향신료 사업으로 엄청난 돈을 버는 것을 보고 속을 끓일 따름이었다.

영국 동인도회사의 탄생

사략선私掠船, Privateer은 국가가 공인한 해적선이다. 16세기 말 영국에서 엘리자베스 1세 여왕이 스페인과 포르투갈 상선을 노략질해도 좋다고 허락해 준 배도 그랬다. 스페인과 포르투갈은 15세기 말부터 향신료를 찾아 나서는 대항해로 부국이 되었다. 영국은 큰 배도 없고 항해술도 부족해 그저 부러워할 뿐이었다. 다만 한 가지 방법은 있었다. 바로 영국과 스페인의 근해에 잠복해 있다가 오랜 항해로 지친 상선을 약탈하는 것이었다. 그야말로 해적질이다. 그중에는 프랜시스 드레이크라는 걸출한 해적도 있었다. 그러나 해적질만으로는 한계가 있었다. 근본적인 대책이 필요했다.

1599년 9월, 런던의 상인과 모험가들이 모여 동인도제도에 또다시 선단을 보내는 문제를 두고 밤새워 토론을 벌였다. 만장일치로 새로운 선단을 보내기로 하자 사람들은 흥분해 함성을 질렀다. 결과를 즉시 여왕에게 알리고 허가를 청원하기로 했다.

"조국의 영광과 영국의 무역 발전을 위해 우리 계획을 청원하오니 승인하여 주옵소서." 이는 영국 역사상 매우 중요한 사건 중 하나였다. 그들은 귀족도 영주도 아닌 투자할 곳을 찾는 80여 명의 상인과 중산층이었다. 이날 회의에는 전현직 시장과 상인 조합인 길드 조합장도 있었다. 이미 한 번의 항해 경험이 있었던 제임스 랭커스터와 토머스 캐번디시Thomas Cavendish, 북극 탐험가인 윌리엄 배핀William Baffin과 모험가 가족으로 유명한 미들턴가家의 삼형제도 참석했다. 그들로서는 이번 동인도 항해 투자는 도박과 같은 것이었다.

1599년 10월, 마침내 여왕의 승인이 떨어졌다. 동시에 항해면허증과 금괴 5000파운드의 해외 반출도 허가되었다. 귀족들로 구성된 추밀원은 이에 탄원서를 내며 극심히 반대했다. 그러나 여왕은 속전속결로 이를 승인했다. 승인서에는 동인도제도의 군주들이나 토후들과 여왕을 대신해 협상할 권한도 포함되었다. 스페인, 포르투갈, 네덜란드와의 마찰이 불가피하기에 추밀원의 반대도 일리가 있었으나 여왕은 아랑곳하지 않았다. 오늘날 영국에서 역대 군주 중 엘리자베스 1세를 첫째로 꼽는 이유를 이해할 만하다. 사실상 투자자들에게 승산이 있다고 생각되는 포인트가 몇 개 있었다.

엘리자베스 1세의 초상화. 엘리자베스 시대는 대영 제국의 초석이 되었는데, 여왕은 평생 비혼으로 살았으며 "짐은 국가와 결혼했다"고 선언한 것으로 유명하다.

우선 실패하고 돌아온 항해자들의 경험이다. 이들은 신선한 물과 물자를 보급받을 수 있는 항구가 어디인지 알고 있다. 이 밖에도 스페인과 포르투갈이 동인도에서 활발히 무역 활동을 벌이고는 있으나 그들이 지배하는 항구나 상관은 고작 12곳뿐이라는 점, 포르투갈의 최고 식민지인 인도의 고아라 해도 포르투갈 정착자 상인은 소수 인원에 불과하다는 점, 말루쿠 스파이스제도의 포르투갈 요새는 티도레와 암본 2곳뿐이라는 점, 그리고 육두구의 산지인 반다제도에는 그들의 요새가 없어서 누구든 차지하는 자가 임자라는 점 등이었다. 이러한 이유로 영국인들은 자신감을 가지고 이번 도박에서 이길 확률이 높다고 보았다. 그 결과물이 바로 동인도회사의 발족이다. 영국의 동인도회사 설립은 약소국 영국이 세계 패권 국가로 도약하는 일대 계기가 되었다. 영국 역사의 대전환이 시작된 것이다. 이제 그 장정이 시작되었다.

동인도회사의 최고 지도자에 토머스 스미스 경이 선출됐다. 선단 총지휘자는 제임스 랭커스터, 일등 항해사는 존 데이비스, 주함을 따르는 배 3척의 선장은 각각 존 미들턴, 윌리엄 브랜드, 존 헤이워드가 맡았다. 항해를 위한 선단은 역전의 용사로 구성되었으며 쓸데없는 모험심으로 단결을 저해할 가능성이 있는 귀족 탐험가는 배제되었다. 동인도제도에 남아 일을 볼 주재 상인은 공개 채용했다. 모두 36명을 뽑았는데 외국어 능통자가 우선이었다. 우선순위는 포르투갈어, 스페인어, 아랍어 순이었다. 선원은 480명이었고 머스킷 총포와 화약도 충분하게 실었다. 회사 주주는 모두 218명이었다. 여왕은 통행권, 특허권 등에 서명했고 여왕의 문장이 새겨진 새 동전도 주조했다. 청색 바탕에 흰색과 적색 줄 13개가 있는 깃발도 도안하여 게양했다. 새로 구입한 600톤짜리 배를 주 함으로 하고 레드 드래건Red Dragon이라고 명명했다. 수전Suzan호, 헥터Hector호, 어센션Ascension호가 동반하는 3척의 선박이다. 당시 600톤급 범선은 좀처럼 볼 수 없는 대형 선박이었다. 템스강에 그 위용을 드러내자 사람들이 환호했다. 식품과 물자를 꼼꼼히 조사해 가득 실었다.

영국 동인도회사 사기(社旗). 영국 동인도회사는 영국 런던의 상인들이 중심이 되어 1600년에 설립되었다.

1601년 2월, 5척의 배로 꾸려진 선단이 색색의 리본과 선기로 장식하고 템스강을 떠났다. 새로운 영국의 출발이다. 대서양 대항해의 시발점은 잉글랜드 남해안의 토베이Torbay항이었다. 랭커스터 선단은 토베이항을 떠나 카나리아제도로 향했다. 포르투갈의 바스쿠 다가마가 갔던 길을 따라 카나리아제도, 카보베르데섬, 대서양 망망대해에 떠 있는 세인트헬레나섬을 거쳐 아프리카 남단 테이블만을 목표로 항해를 계속했다.

랭커스터 선단이 테이블만에 도착한 때는 1601년 9월 9일, 영국에서 출발한 지 7개월 만이다. 테이블만에서 원주민으로부터 식품을 조달받고 휴식을 취한 다음 희망봉을 돌아 인도양으로 진입했다. 테이블만에서 원주민과 접촉할 때 이들을 조심스레 대해야 한다는 것을 랭커스터는 잘 알고 있었다. 네덜란드의 한 선단은 이곳에서 13명이나 목숨을 잃었기 때문이다. 영국의 선단은 덕분에 별 손실 없이 아프리카 동안을 유유히 돌아 마다가스카르 동쪽 키르네섬(현재의 모리셔스)에 상륙하려고 했다.

그런데 바람이 바뀌어 마다가스카르로 밀려갔다. 그곳에서 네덜란드 선단이 남긴 표식을 발견했는데 200명이 목숨을 잃었다는 사실이 적혀 있었다. 원인은 '이질'이었다. 랭커스터 선단에도 사망자가 생겼다. 한 배에서 선장과 항해사를 포함해 10여 명이 죽었다. 선단은 조속히 마다가스카르를 떠났다. 망망대해 인도양을 계속 항해하여 1602년 4월 9일, 니코바르제도에 상륙했다. 런던에서 출항한 지 1년 2개월이 지난 때였다. 니코바르제도는 안다만해에 있는 섬들로 현재는 인도 영토인데 2004년 인도네시아 안다만해에서 발생한 쓰나미 참사에 큰 피해를 입었다. 또 현재까지도 문명과의 접촉을 피해 지내는 사람들이 있다고 알려져 있다.

1602년 6월 5일, 랭커스터 선단은 수마트라섬 북쪽에 있는 강력한 술탄국 아체Ache에 도착해 술탄 알라우딘과 동맹을 맺는 데 성공했다. 랭커스터의 세련된 외교가 거둔 성과라는 평가도 있으나 영국과 함께 믈라카에 주둔한 포르투갈에 맞서려는 아체의 의도도 있었다. 그들은 영국이 스페인 무적함대를 무찌른 사실을 알고 있었고 엘리자베스 여왕에 무한한 존경심을 표했다.

랭커스터는 여왕의 친서를 전달했다. 여왕은 "친애하는 형제의 명예롭고 고귀한 명성이 이곳 영국에까지 널리 퍼졌다"라고 썼다. 이어 스페인과 포르투갈을 비난하면서 술탄 왕국에 영국 상인들이 주재하면서 물자를 저장할 상관을 설치하는 등 정기적인 무역 거래를 원한다는 뜻을 밝혔다. 술탄은 여왕의 의견에 전적으로 동의한다고 했다.

외교적 성과를 얻은 랭커스터 선단은 자바의 반텐으로 향했다. 다만, 무역에서는 별 성과를 거두지 못했다. 아체의 향신료인 후추가 너무 비쌌기 때문이다. 그리하여 랭커스터는 후추의 큰 공급처가 몰려 있는 자바섬의 반텐으로 가기로 했다. 믈라카 해협 남동쪽으로 기수를 잡고 남하하던 중 포르투갈 무장상선을 만났다. 랭커스터는 곧바로 대포를 조준하고 공격을 가했다. 포르투갈 배는 심각한 손상을 입자 즉시 항복해 왔다.

배에 오르니 믿을 수 없을 정도로 물품들이 가득했다. 인도산 옥양목과 배틱Battik(크레용이나 파라핀 등 물감이 묻지 않는 재료로 무늬를 그린 다음 그 위에 수채화 물감을 칠하거나 염료에 담가 무늬 외의 부분에 물감이 흡수되게 하여 아름다운 무늬를 만드는 기법) 천이 가득 실려 있었는데 향신료와 물물 교환하기에 좋은 품목들이었다. 화물을 옮기는 데만 6일이 걸렸다고 하니 대박이 난 셈이었다. 랭커스터는 그때까지 모은 향신료를 어센션호에 옮겨 싣고 영국으로 먼저 보냈다. 반탐 왕국은 자바섬 서쪽 끝에 있는 이슬람 왕국으로 오늘날 인도네시아의 반텐주에 해당한다. 랭커스터는 왕을 만나 또다시 외교적 성과를 거두고 충분한 양의 후추를 구매했다. 반탐 왕국은 영국이 그곳에 창고를 짓고 직원을 상주시키는 것을 허락했다. 랭커스터는 8명의 회사 직원과 상인 3명을 남겨 놓기로 했다. 한편 말루쿠해에서 정향과 육두구를 확보하는 일이 중요하다고 판단해 40톤급 소형 배인 피니시정을 남겨 놓고 그곳 탐사를 지시했다. 1603년 2월, 그의 선단은 귀환 길에 올랐다. 소기의 성과를 거두었기에 지체할 필요가 없었다. 비교적 순조롭게 항해하여 영국 해협에 들어섰고 1603년 9월 11일에 다운스항에 닻을 내렸다. 출항한 지 2년 7개월 만이었다.

랭커스터의 이번 여정으로 영국의 어느 선단과도 비교가 안 될 엄청난 성공을 거두었다. 그들은 포르투갈 선단과 요새를 두려워하지 않고 믈라카 해협을 지났으며 심지어 포르투갈 무장 상선을 약탈했다. 반텐에 상관을 열고 주재원을 두었으며 아체국과 동맹을 맺는 외교적 성과를 거두었다. 무엇보다도 5척의 배 모두 향신료를 가득 싣고 돌아왔다. 다만 안타깝게도 그를 신임하고 후원했던 엘리자베스 여왕이 6개월 전에 타계했다는 소식을 들었다. 여왕을 대신해 후임 왕인 제임스 1세가 그에게 기사 작위를 내렸다. 제임스 랭커스터 경이 된 그는 이후 1618년에 사망할 때까지 동인도회사의 전무이사로 재임했다. 그는 진정한 동인도회사의 창업 공신으로 후세에 이름을 남겼다.

영국 동인도회사는 네덜란드의 동인도회사와 달리 주식회사 방식이 아니었다. 항해가 끝나면 벌어들인 돈을 투자금에 따라 배당하고 정산을 끝내는 형태다. 다음번 항해는 앞서 랭커스터와 함께했던 존 미들턴(항해 도중 괴혈병으로 사망했다)의 동생 데이비드 미들턴 제독이 지휘권을 잡고 4척의 함대로 출항해 1604년

12월에 반텐에 도착했다. 선박은 앞서와 같은 배인 기함 레드 드래건, 헥터호, 수전호, 어센션호였다. 반텐에 도착한 후 주재원들이 확보한 후추를 헥터호와 수전호에 실어 영국으로 보냈다. 그리고 당초 목적인 말루쿠해의 정향과 육두구 확보를 위해 산지로 가서 원주민과 직접 계약을 추진했다. 물론 포르투갈이 선점하고 있다는 걸 알았지만 상호 이익이 될 방법을 찾아 협상이 가능할 것으로 생각했다. 사실 미들턴 선단은 반텐에서 전염병과 이질로 많은 인력을 잃은 상태였다. 되도록 포르투갈과 군사적 충돌은 피해야 하는 상황이었던 것이다.

그들은 남은 기함 레드 드래건과 어센션호의 뱃머리를 돌려 신비의 향신료 섬으로 향했다. 선단은 반다해로 들어선 후 세람섬 남쪽 암본으로 향했다. 그곳이 바로 오랫동안 꿈꾸었던 스파이스제도, 즉 말루쿠제도의 한 섬으로 포르투갈이 강력한 요새와 상관을 설치하고 1세기 이상 동인도제도 향신료 무역의 중심지로 삼은 곳이었다. 그들은 북쪽 말루쿠해의 트르나테와 티도레에서 온 정향을, 남쪽 반다해의 반다제도에서 온 육두구를 수집해 거래했다. 암본 자체에서도 상당량의 정향이 생산되고 있으니 그야말로 동인도 지역 향신료의 허브라 할 만했다. 포르투갈 선단이 첫 항해를 감행한 후 거의 100년이 지나 영국 동인도회사의 정규 선단이 꿈의 섬에 진입한 것이다.

말루쿠제도와 네덜란드의 무혈입성

말루쿠제도로 향한 미들턴 제독의 선택지는 3개였다. 북쪽 술라웨시섬의 동해안을 돌면 말루쿠해의 북쪽에서 제일 큰 섬인 할마헤라가 나온다. 그 섬 서해안에 작은 화산섬인 트르나테와 이웃한 티도레가 바짝 붙어 있다. 이 두 섬은 정향의 고향이랄 만한 곳으로 포르투갈 점령지였다. 남쪽 반다제도로 간다면 거기서 육두구를 거래할 수 있다. 그러나 정보가 너무 없어서 과연 그 많은 섬 중에 육두구 산지를 제대로 찾을 수 있을지 의문이었다. 남은 하나의 가능성은 말루쿠해와 반다해의 중간 지점인 세람섬을 향해 가는 루트였다. 그러면 그 섬 남해안에 바짝 붙은 작은 섬인 암본에 닿을 수 있을 터였다. 정향과 육두구 모두 거래할 수 있지만 역시나 이곳도 포르투갈의 요새와 상관이 버티고 있었다. 만약 포르투갈 측에서 거래를 봉쇄한다면 방법은 2가지였다. 전쟁을 불사하거나 잘 타협하거나. 고민 끝에 미들턴 선단은 암본으로 가기로 했다.

달포의 항해 끝에 암본에 도착해 닻을 내리자 포르투갈 사람들이 다가왔다. "당신들은 누구요? 아! 영국 사람들이구먼. 여긴 왜 왔소?" 그중 한 사람이 꽤 놀란 표정으로 물었다.

"맞아요. 우린 영국인이오. 향신료를 사러 왔소." 누군가 대답하자 대화는 다음과 같이 이어졌다. "어림없는 소리 마시오. 여긴 우리 지역이오. 문제 일으키지 말고 그냥 돌아가시오. 영국은 우리의 적국이오. 좋은 말로 할 때 빨리 돌아가요."

"적국이라니요. 소식을 못 들었나 본데, 영국과 포르투갈은 얼마 전에 평화 협정을 맺었소. 이제 우리는 한편이오. 한번 알아보슈."

두 나라 지휘관들은 충돌을 피하고 싶었다. "향신료 구매 외에 다른 목적은 없소. 당신들이 판매자를 주선해 주시오. 우리도 섭섭지 않게 해드리리다." 미들턴 제독이 포르투갈 지휘관에게 말했다.

예기치 않게 협상이 잘되어 가던 중이었다. 그때 수평선 너머로 겹겹이 쌓아 올린 돛을 펼친 거대한 배들의 실루엣이 나타났다. 네덜란드 함대였다. 영국과 포르투갈 모두 깜짝 놀랐다. 포르투갈 측은 부랴부랴 요새로 올라 포탄을 장전하고 그들이 다가오는 것을 지켜보았다. 위용이 대단하고 위협적이어서 감히 포를 쏠 엄두가 나지 않았다. 완전 무장한 9척의 대형 선박이었기 때문이다. 당시 네덜란드의 조선술은 영국이나 포르투갈을 압도했다. 그들의 위용은 엄청난 공포를 안겨 주었다. 미들턴 제독은 결단을 내려야 했다. 포르투갈과 합세해 저들과 한판 붙느냐, 아니면 그대로 꽁무니를 빼고 도망치느냐 중 하나를 택해야 했다. 그러나 영국과 포르투갈이 합세한다 해도 저들을 이기는 것은 불가능했다. 그래도 일단 여기 온 목적이라도 알아야 했다.

"여기 온 목적이 뭐요? 여기는 포르투갈 관할 지역이오." 포르투갈 지휘관이 큰소리로 물었다.

"알고 있소. 그러나 지금부터는 우리 관할이오. 쓸데없이 항거한다면 대가를 치를 것이오. 그리고 거기 영국인들, 당신들은 빠져요. 지금 바로 떠나시오." 그쪽에서 대답했다. 더 버틸 것도 없었다. 포르투갈은 바로 항복했고 미들턴은 그 자리를 떴다. 네덜란드는 그렇게 암본에 무혈입성했다. 그 뒤로 암본은 네덜란드 동인도회사가 경영하는 동인도제도의 수도 역할을 했다. 네덜란드가 후에 자바의 자카르타를 접수해서 바타비아Batavia로 개명하고 동인도 지역 근거지로 삼았지만 암본도 근 200년간 네덜란드 동인도회사의 주요 근거지였다.

미들턴은 작전을 다시 짰다. 배 2척을 나누어 각기 다른 곳으로 보내기로 했다. 자신이 직접 지휘하는 레드 드래건은 트르나테와 티도레로 가서 정향을 확보하고, 어센션호는 반다제도로 가서 육두구를 사들이기로 하고 부랴부랴 암본을 떴다. 자존심이 상해 속이 부글부글 끓어올랐지만 도리가 없었다. 이 사건 이래로 영국과 네덜란드는 사사건건 부딪치며 동인도 역사를 피로 물들였다. 더군다나 암본은 훗날 일어날 더 큰 사건들을 감추고 있었다.

미들턴 제독의 레드 드래건호는 예정대로 트르나테에 이르러 술탄과 정향 구입을 협상하려고 했다. 엄연히 포르투갈 상관이 있었지만 술탄이 왕국을 견고하게 통치하고 있었기에 독자적인 거래가 가능했을 거라고 짐작된다. 그러나 티도레는 사정이 달랐다. 포르투갈은 요새도 갖추었고 군사력도 상당했다. 미들턴은 포르투갈 요새를 뚫고 티도레로 들어가는 대신 트르나테에 집중하기로 했다. 술탄에게 영국 국왕 제임스 1세의 친서를 전달하여 외교적 동맹을 시도하는 동시에 정향 구입을 논의했다. 이 부분은 기록마다 의견이 분분한데 이 중 무엇이 진실인지 판단하기 어렵다. 영국인 작가 가일스 밀턴은 양국 관계가 꽤 진전을 보인 것처럼 쓰고 있으나 다른 역사서에는 그런 내용이 없다. 보통은 포르투갈의 강압적인 통치와 가톨릭 선교사의 고압적인 선교 방식이 원주민의 반발을 사는 바람에 이들이 선교사를 추방하고 현지 포르투갈 수장을 살해했다는 기록이 있을 뿐이다.

미들턴이 트르나테에 도착한 시기는 1605년으로 짐작된다. 그때 공교롭게도 네덜란드 선단이 포르투갈 점령지를 공격하여 사람을 죽이고 근거지를 불태웠다는 다른 기록이 있다. 아마도 이 기록이 진실에 가깝지 않나 싶다. 포르투갈은 암본에 이어 한 세기에 걸쳐 유지해 온 사업 기지 트르나테를 잃었다. 미들턴은 결국 꿈에 그리던 말루쿠제도에서 아무런 성과도 없이 떠나야 했다. 그들은 네덜란드에 대해 이를 갈며 다음과 같은 기록을 남겼다. “상놈들, 천한 나라 놈들이 인도와 교역을 독점하면 그들의 교만은 하늘을 찌를 것이다.” 이때부터 깊어진 네덜란드에 대한 반감은 수년 후 피의 전쟁으로 이어진다.

한편 미들턴이 떠난 후 이듬해인 1606년, 스페인 군대가 트르나테의 술탄을 공격했다는 기록이 있다. ‘감히 유럽 국가의 지휘관을 살해해? 너희 열등한 족속들이!’ 아마도 이런 마음이 아니었을까 싶다. 어쨌든 스페인은 월등한 군사력으로 그들을 제압하고 술탄을 체포해 자기들이 장악한 필리핀으로 압송했다. 그러나 스페인은 동인도제도에는 그들의 요새나 상관이 없었다는 역사적 사실로 미루어 보건대 이야기의 신빙성이 의심스럽다. 마젤란이 필리핀 세부에서 사망하고 엘카노의 지휘 아래 잔여 인원이 트르나테를 겨우 찾아 정향을 구해 스페인으로 돌아간 후로 스페인은 동인도제도에 정규 선단을 보낸 적이 없다.

한편 반다제도로 떠난 어센션호는 육두구가 있는 섬을 찾아다녔다. 이 배의 선장인 콜서스트Colthurst가 가진 정보에 의하면 반다제도의 네이라섬, 반다섬, 아이Ai섬, 그리고 한참 떨어져 있는 런섬 중 하나였는데 어디에 정박할지 몰라 일단 제도 주변을 돌아보고 있었다.

반다섬 중앙에 위치한 바위산은 온통 초록의 육두구 나무로 뒤덮여 있었다. 그런데 방어 설비가 잘 갖추어져 있어 어쩐지 접근이 쉽지 않아 보였다. 반다에서 한 시간 정도 서쪽으로 항해하면 아이섬이 나온다. 육두구 나무와 과일나무로 뒤덮인 작은 섬인데 지형이 험해 배를 대기가 어려웠다. 다음으로 멀리 서쪽 바다에 홀로 외롭게 떠 있는 런섬이 있다. 자연 방어막인 산호초로 둘러싸인 작은 섬인데 예전에 포르투갈 배가 멋도 모르고 상륙하려다가 난파를 당했다는 소문이 돌았다. 콜서스트 선장은 상륙을 포기하고 배를 돌려 다시 네이라로 갔다. 이곳은 네덜란드 요새가 있는 섬이었다.

콜서스트는 운이 좋았다. 자신들을 적대시하지 않는 네덜란드 지휘관을 만나 순조롭게 협상했고 육두구를 가득 싣고 반텐으로 돌아갈 수 있었다. 미들턴 제독과 콜서스트는 향신료 구매라는 목표를 달성했기에 곧장 귀환 길에 올랐다. 그런데 그들이 테이블만에 이르렀을 때 먼저 본국으로 떠났던 한 척의 배를 목격했다. 바로 헥터호였다.

헥터호와 수전호는 미들턴이 말루쿠로 출항하기 전에 이미 후추를 싣고 영국 귀환 길에 올랐었다. 그러다 그만 남아프리카에서 폭풍우를 만난 것이다. 수전호는 선원들과 화물을 실은 채 침몰했고 헥터호만 홀로 표류하고 있었다. 생존자는 단 14명뿐이었다. 콜서스트 선장은 그들을 태우고 항해를 계속해 1606년에 마침내 본국에 도착했다.

3장

북방 항로는 새로운 돌파구가 될 것인가

북극을 돌파하면 인도가 나온다?

유럽에서 출발해 아프리카 남단 희망봉을 돌아 인도로 갔다가 거기서 다시 말레이반도와 수마트라섬 사이 믈라카 해협을 거쳐 목적지인 향신료의 고향 말루쿠제도로 가는 길은 너무나 험난하다. 오가는 데 빨라도 2년, 보통 3년이 더 걸리는 머나먼 뱃길이다. 많은 사람이 목숨을 걸고 그 길을 따라 향신료와 교역품을 싣고 오갔다. 중간에 선원들이 병으로 죽거나 폭풍우를 만나 배가 난파되기도 하고 다른 나라 배와 전투를 벌이느라 사상자가 발생하기도 했다. 원주민에게 피살되기도 하고 표류하다가 굶어 죽기도 했다.

그러다 보니 다른 뱃길을 찾으려는 노력도 꽤 있었다. 크리스토퍼 콜럼버스가 대표적인 인물이었다. 그는 대서양 서쪽으로 가다가 아메리카 대륙에 막혀 서인도제도까지만 갔다. 페르디난드 마젤란, 프랜시스 드레이크는 같은 방향으로 진행하다가 남아메리카 남단을 돌아 태평양을 항해하여 말루쿠제도로 갔다. 그러나 이 뱃길 역시 멀기는 마찬가지인 데다 망망대해 태평양에 운명을 맡기는 위험한 도박이었다. 서쪽 항로에서도 많은 사람이 죽었다. 마젤란 선단은 270명이 5척의 배를 타고 출발해 한 척의 배와 18명이 돌아왔다. 그래서 15세기 말이 되면 유럽, 특히 네덜란드와 영국은 끊임없이 새로운 뱃길을 찾았다. 그중 하나가 바로 북방 항로다.

지구가 둥글다는 사실이 정설이 되었을 무렵이라 유럽에서 북극을 지나 인도로 갈 계획이었다. 적어도 계산상으로는 기존 항로보다 약 3200킬로미터 거리를 단축하여 왕복 6개월 만에 오갈 수 있었다. 그러나 북방 항로 개척은 번번이 실패했다. 개중에는 살아 돌아온 사람들이 남긴 항해 일지를 구하려고 혈안이 된 이들도 있었다. 기어코 북방 항로를 찾겠다는 염원이 식지 않았기 때문이다. 주역은 바로 상인들이었다. 이들은 작은 가능성에도 투자할 준비가 되어 있었다. 또한 도전을 마다하지 않는 모험가들이 있었다. 일거리를 찾던 뱃사람들도 생계를 위해 이 위태로운 모험에 동참했다.

진인사대천명盡人事待天命이라는 운명론적 철학을 믿었기 때문일까, 목숨을 초개로 여겼기 때문일까? 그들은 기꺼이 장도에 나섰다. 그리고 실패를 거듭하면서도 멈추지 않았다. 상인이나 지리학자, 모험가들, 심지어 선교사들까지도 항로 개척을 채찍질했다. 심지어 실패하고 돌아온 사람들이 얼음에 막혀 더는 전진할 수 없었다고 상황을 설명할 때마다 돌아온 것은 거친 질타였다. 사람들은 이렇게 말했다. "또 그 얼음 탓! 그걸 깨고 나갔어야

북방 항로의 두 경로. 노르웨이와 러시아를 거치는 경로가 북동 항로, 그린란드와 북미 대륙을 거치는 경로가 북서 항로다.

지! 조금만 더 가면 곧 얼음은 사라지고 따뜻한 바다가 펼쳐질 텐데. 그 바다를 건너면 캐세이Cathay(중국을 가리키는 고어)가 나오고 그러면 바로 동인도해라고!"

런던이나 네덜란드에서 북극으로 가는 항로는 크게 두 방향이다. 북동으로 가는 항로와 북서로 가는 항로다. 노르웨이 연안을 돌아 러시아 북해로 가는 게 북동 항로고 그린란드 서안을 따라가다가 북미 동쪽 해안으로 들어가는 것이 북서 항로다. 그러나 어떤 탐사 기록에도 북해와 태평양을 잇는 베링 해협에 대한 언급은 없다. 태평양으로 가는 유일한 길이지만 당시 탐험가들은 그 존재를 모르고 있었던 것 같다. 다만 어딘가에 아시아로 통하는 따뜻한 바다가 있다는 기록만 있을 뿐이다.

오늘날 우리에게 익숙한 세계 지도는 1569년에 만들어진 메르카토르식 지도다. 네덜란드의 지리학자 헤라르뒤스 메르카토르Gerardus Mercator가 고안한 방식으로 경도와 위도를 직선으로 표기한 2차원 평면 지도다. 이 방식으로 북극이나 남극의 위치와 넓이를 가늠하기는 불가능하다. 그러나 지금은 21세기다. 오늘날 누구라도 인터넷을 통해 북극을 중심에 놓은 지도를 찾아볼 수 있다. 이 지도상으로 보면 앞서 말한 북방 항로도 가능성이 없지 않다. 얼음과 혹독한 추위만 견디면 된다.

자료상으로 보면 영국의 휴 윌로비Hugh Willoughby란 사람이 1588년 북동 항로를 탐험하고 돌아왔다. 그런데 5년 후에는 네덜란드의 올리비에 브뤼넬Olivier Brunel이란 사람이 북동 항로로 러시아 북쪽 해안까지 진출했다. 그는 탐험에서 돌아와 거의 목적지 가까이까지 진출했다고 이야기했다. 영국은 긴장할 수밖에 없었다. 행여나 그들이 먼저 항로를 개척하고 그 지역에 기지라도 건설한다면 큰일이 아닌가. 결국 영국은 브뤼넬에게 첩자 혐의를 씌워 감옥살이를 시켰다. 출옥 후에는 북동 항로로 다시 한번 항해했고 지역 해도를 그려서 지도 제작자인 메르카토르에게 가져갔다. 그는 시베리아 서부에 있는 오비Ob강까지 다녀왔다고 주장했는데, 이 강은 러시아 북쪽 북극해인 카라해에서 내륙으로 이어졌다. 브뤼넬은 직접 가 보지는 못했지만 오비강을 거슬러 가면 인도로 가는 황금 뱃길로 이어진다고 주장했다.

오늘날 지도를 보면 오비강은 인도와는 거리가 한참 멀다. 러시아 내륙에서 발원하여 북극해로 흘러 들어갈 뿐이다. 한눈에도 턱없는 주장임을 알 수 있으나 당시로서는 강이 흐르는 방향으로 유추할 때 일리가 있어 보였을지 모른다. 실제로 당시의 어느 학자는 이렇게 주장했다. "얼음은 담수가 언 것이다. 따라서 북극해의 얼음도 오비강의 담수가 북극해로 유입되면서 생긴 것이다. 이 얼음층 지대를 벗어나면 얼지 않은 순수한 염분의 바다가 나타날 테고 이는 아시아로 이어질 것이다. 그러니 중간에 포기하지 말고 얼음 지대를 벗어나라." 그 말을 믿고 갔다가 영영 돌아오지 못한 사람들이 있었다. 죽을 고생을 하다가 간신히 살아 돌아온 이들도 있었으나 이들은 여전히 얼음 지대 너머 항해 가능한 바다가 있다고 믿었다. 인간은 믿고 싶은 것은 계속 믿는 속성이 있는 모양이다.

17세기 초, 영국 동인도회사는 남아프리카 희망봉을 돌아 아시아로 항해하는 항로로 동인도 교역의 발판을 겨우 마련하고 이를 확장하는 데 전력을 쏟고 있었다. 한편 북방 항로 개척은 점점 가능성이 옅어지고 있었다. 하나같이 큰소리를 치며 떠났던 탐사대는 실패하고 막대한 손실을 안겼다. 기록에 나온 탐사 연도와 지휘관은 다음과 같다. 존 캐벗(1497년), 자크 카르티에(1534년), 마틴 프로비셔(1576년), 프랜시스 드레이크(1578년), 존 데이비스(1585년). 이 중에는 스페인 무적함대와 싸워 이긴 프랜시스 드레이크와 제임스 랭커스터가 이끈 선단의 항해사 존 데이비스도 있다. 물론 모두 처참하게 실패했다. 영국인들에게 북방 항로 개척은 영원히 이룰 수 없는 꿈처럼 보였다.

북동 항로 개척의 잔혹사

지리적으로 볼 때 유럽에서 북극해로 진입하자면 노르웨이 서안을 돌아야 한다. 노르웨이 북단에는 방대한 북극해가 펼쳐져 있다. 울퉁불퉁한 노르웨이 해안을 뒤로하고 전진하면 러시아 콜라반도에 이른다. 이곳에는 러시아 항구 도시 무르만스크가 있고 그 앞으로 펼쳐진 북극해가 바로 바렌츠해다. 네덜란드의 북방 항로 탐험가 빌럼 바렌츠Willem Barentsz의 이름을 따서 명명된 바다다. 동쪽으로 계속 가다 보면 기다란 막대기처럼 비스듬히 놓인 섬을 만나는데 바로 노바야제믈랴Novaya Zemlya제도다. 이곳을 경계로 바렌츠해와 카라해로 나뉜다. 노바야제믈랴섬은 당시 북동 항로 개척자들의 종착지나 다름없었다. 그 위로는 얼음 때문에 더는 진행할 수 없었기 때문이다. 16~17세기 항로 개척자들

빌럼 바렌츠의 초상화. 북방 항로를 개척한 네덜란드의 탐험가로서 그의 이름을 딴 바렌츠해는 지하자원이 풍부하다.

이 바로 이곳을 통과하려고 부나비처럼 목숨을 내던졌다.

빌럼 바렌츠는 생전에 북방 항로를 3차례 탐사했는데 각각 1594년, 1595년, 1596년이었다. 탐사 이전만 해도 그는 북극해가 얼어 있을 것으로 생각하지 않았다. 왜냐하면 북극은 햇빛이 24시간 내내 비춘다는 고정관념이 있었기 때문이다. 1차 항해는 3척의 배로 출항했는데 노르웨이를 지나 시베리아 북쪽 카라해로 진입했다가 노바야제믈랴 서쪽 해안에서 빙산에 막혀 돌아왔다. 2차 항해는 네덜란드의 지도자, 그 유명한 오라녜(오렌지) 공작이 자금을 대어 6척의 배로 출항했다. 그러나 이때 역시 노바야제믈랴의 얼음을 극복하지 못하고 돌아왔다. 실망한 오라녜

공작은 앞으로 북방 항로 탐사에 국가 지원은 없다고 선언했다. 대신 누구라도 항로 개척에 성공한다면 크게 보상할 거라고 약속했다.

이와 별개로 네덜란드 상인들은 계속해서 바렌츠를 후원했다. 1596년 6월, 2척의 선박이 3차 북동 항로 탐사에 나섰다. 이번에는 노르웨이 북부에서 바로 동쪽으로 기수를 돌리지 않고 좀 더 북쪽으로 올라갔다. 그러다 그린란드해에서 얼음덩어리인 스피츠베르겐Spitsbergen섬을 발견하고 기수를 노바야제믈랴 쪽으로 돌렸다. 이때 동행한 다른 배의 선장 얀 리프와 의견이 갈렸다. 노바야제믈랴 위로 돌자는 바렌츠와 달리 얀은 남쪽으로 통과하려고 했다. 논의 끝에 각자 원하는 방향으로 가기로 하고 헤어졌다.

노바야제믈랴 북쪽으로 진행하던 바렌츠는 결국 얼음에 갇혔다. 선원 16명, 사환 소년 한 명으로 이뤄진 팀이었다. 견딜 수 없는 추위에 바렌츠 일행은 배에서 내렸다. 노바야제믈랴섬에 자리를 만들고 갑판에서 뜯어낸 널빤지로 오두막을 지어 8개월을 버텼다. 이듬해 6월 얼음이 어느 정도 녹자 구명보트를 타고 탈출했다. 몇 명은 이미 사망했고 바렌츠도 심하게 병든 상태였다. 탈출한 지 일주일 만에 바렌츠는 어느 얼음 섬에서 사망했다. 나머지 생존자들은 도중에 러시아 어부를 만나 식량을 얻고 1000킬로미터 거리를 노에 의지해 항해했다. 무르만스크의 콜라반도에 다다랐을 때 다행히 네덜란드 배에 의해 구조됐다. 앞서 이들이 얼음에 갇혔을 때 지내던 오두막은 170년이 지난 1871년에 노르웨이 사냥꾼에 의해 발견되었다. 놀랍게도 그곳에는 바렌츠의 항해 일지가 그대로 보존되어 있었는데 뱃길과 기상 상태 등이 너무나 자세히 기록되어 있어 탐험자들에게 더없이 좋은 자료가 되었다.

북동 항로는 바렌츠 사후 280년이 지나도록 개척되지 않다가 1879년에 스웨덴 지리학자 아돌프 에리크 노르덴셸드Adolf Erik Nordenskiöld가 증기선으로 항해에 성공했다. 그리고 1903~1906년, 남극점 탐험의 영웅 로알 아문센Roald Amundsen이 북서 항로 항해에

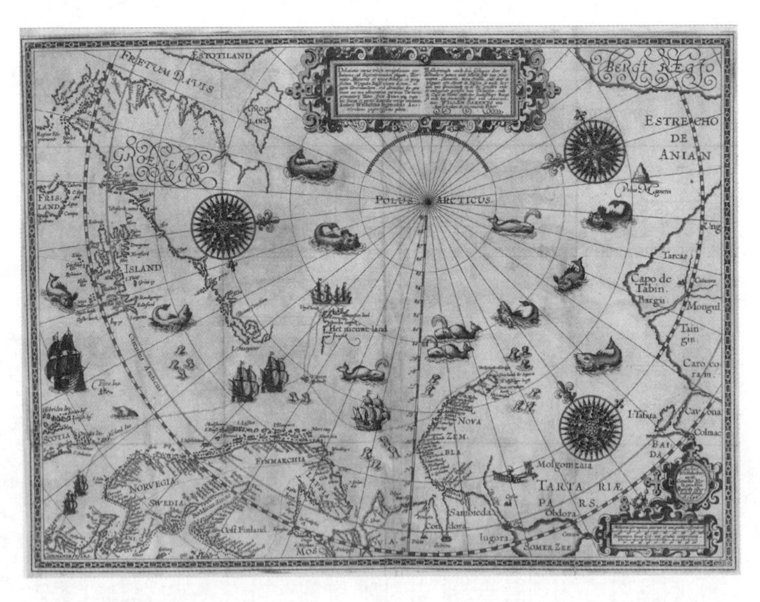

1598년 빌럼 바렌츠가 그린 극지방 지도. 바렌츠는 1594~1596년까지 총 세 번 북방 항로를 탐사했고 이 지도에 탐사 결과를 담았다.

성공했다. 그로부터 100년이 지난 21세기에 북방 항로가 또다시 주목받고 있다. 지구 온난화로 얼음이 녹고 있기 때문이다. 오늘날 북방 항로는 아시아와 유럽의 물류 운송로로 새롭게 개척되고 있다. 이제는 배가 아닌 비행기가 다닌다. 북극 하늘길이 열린 지 거의 반세기가 지났다. 나는 1977년에 파리에서 이 항로를 지나 서울로 돌아왔다. 비행 중에 잠시 들렀던 알래스카 앵커리지 공항의 모습이 아직도 생생하다. 당시 총 비행시간은 앵커리지 기착 시간을 포함해 무려 20시간쯤 되었던 것으로 기억한다. 해가 지지 않는 백야로 잠을 한숨도 못 자 무척 피곤한 여행이었다.

헨리 허드슨의 북서 항로 개척

네덜란드 동인도회사는 동인도로 가는 뱃길 개척에 사실상 기여한 바가 없어 자존심이 상한 상태였다. 유럽에서 동인도제도로 가는 뱃길은 대서양에서 동진하는 항로와 서진하는 항로가 있다. 동진 항로는 아프리카 남단의 희망봉을 돌아 인도양으로 진입하는데 이는 포르투갈의 바스쿠 다가마가 개척했다. 서진 항로는 대서양에서 남아메리카의 마젤란 해협을 통과해 태평양으로 진입하는데 통상 스페인의 페르디난드 마젤란이 개척한 항로로 인정받는다. 그 어디에도 네덜란드인의 이름은 없다.

네덜란드 동인도회사는 자기들만의 항로를 개척하고자 하는 강한 염원이 있었다. 그래서 북방 항로에 대한 애착이 컸고, 빌럼 바렌츠가 여러 번 시도했다가 실패한 북동 항로에 대한 미련도 컸다. 그러던 중 북극점에 가까이 갔으나 정작 본국의 후원을 못 받고 있다는 영국 탐험가 헨리 허드슨Henry Hudson의 이야기를 듣는다. 네덜란드 동인도회사는 대사관을 통해 그와 접촉하고 암스테르담으로 초청했다. 1608년 겨울, 허드슨은 네덜란드 동인도회사 이사들과 면담 자리를 가졌다.

"북극에는 탁 트인 바다가 있는 것이 분명합니다. 북쪽으로 항해할수록 따뜻해지는 것을 느꼈습니다. 눈과 얼음도 점차 보이지 않았습니다. 거기에는 여기서 볼 수 없는 종류의 풀과 야생화, 동물들로 넘쳐 났습니다." 허드슨이 말했다.

"그렇다면 귀하가 발견한 그 온화한 땅을 네덜란드의 배들은 왜 발견하지 못했을까요?" 이사들이 물었다.

"아, 예. 그건 간단한 얘기입니다. 그런 땅은 북위 74도 지역을 지나야 나타납니다. 아쉽게도 네덜란드 배는 항상 얼음에 막혀 지나가지 못했습니다. 그 위도를 지나면 바다가 깊어 얼음이 얼지 않는 지역이 나옵니다." 허드슨은 주저 없이 대답했다. 이사들은 그의 말에 긴가민가했지만 자신 있는 그의 태도에 사뭇 솔깃해졌다. 그들이 결정을 못 하고 우물쭈물하는 사이 프랑스에서도 허드슨에게 관심을 보인다는 소식이 들리자 곧장 결정을 내렸다. 다만 조건이 하나 있었다. '노바야제믈랴의 북동쪽으로 도는 항로 외에 다른 항로로 가서는 안 된다.' 즉, 북동 항로만 고수하라는 조건이었다. 아마도 이사들이 허드슨의 고집스럽고 비타협적인 성정을 간파해 이를 통제하고자 했던 듯싶다. 실제로

헨리 허드슨의 초상화. 북서 항로를 개척한 탐험가로서 미국 뉴욕주 동부를 흐르는 허드슨강과 캐나다 북동부에 위치한 허드슨만, 허드슨만과 연결된 허드슨 해협은 그의 이름을 따서 명명되었다.

훗날 그의 불통 리더십은 선단은 물론 자신도 위험에 빠뜨리는 결과를 낳는다.

1609년 3월, 60톤급 선박 하프문Half Moon이 암스테르담에서 출항했다. 영국과 네덜란드 국적의 선원들이 함께 타고 있었다. 허드슨으로서는 세 번째 북방 항로 항해였다. 첫 번째는 1607년 4월에 있었다. 당시 그는 10명의 선원과 함께 호프웰Hopewell호를 타고 영국 동남부 템스강 어귀에 있는 그레이브젠드에서 출항했다. 북해와 노르웨이해 사이에 있는 셰틀랜드Shetland제도를 지나 그린란드 동쪽 해안을 따라 북쪽으로 나아갔다. 허드슨은 바렌츠가 그 앞에서 기수를 돌렸던 스발바르Svalbard제도의 스피츠베르겐섬에 도달했었다. 그곳에서 그는 고래, 바다코끼리, 바다표범, 각종 바닷새를 관측했다. 그리고 7월에 영국으로 돌아왔지만 결국 북방 항로 발견은 실패했다. 다음 해 1608년, 2차 항해를 떠났고 이번에도 노바야제믈랴까지는 도달했지만 결국 실패하고 되돌아와야 했다.

3차 항해는 허드슨이 계약 조건을 따라야 했지만 속으로 딴 생각을 했던 것 같다. 이전 2차례의 항해 모두 북동쪽으로 갔다가 실패했으니 이번에는 북서쪽으로 도전해 보겠다고 생각했을 가능성이 컸다. 실제로 동승한 선원이 남긴 항해 기록에는 그가 의도적으로 북서쪽으로 항해했으며 선실에는 북서쪽 항해에 필요한 자료들만 있었다는 이야기가 나온다. 결과적으로 보면 북서 항로 개척은 실패한다. 그러나 이 항해는 향신료 무역사에 길이 남을 결과를 낳았다. 그뿐 아니라 훗날 영국과 네덜란드가 미국과 캐나다를 식민 지배하는 데 중요한 이정표가 되었다.

북서 항로는 평면 지도상으로 유럽에서 캐나다 쪽으로 가는 것이고, 북동 항로는 노르웨이를 돌아 러시아 북해로 가는 것을 말한다. 그런데 두 경우 모두 태평양에 진입하려면 반드시 베링 해협을 통과해야 한다. 여기를 지나야만 중국, 일본, 한국을 거쳐 필리핀해를 넘어 말루쿠해에 이르게 되는 것이다. 오늘날에는 너무도 뻔한 진실이지만 17세기 초에는 아무도 알지 못했다. 당시 탐험가들은 모두 얼음을 넘어서기만 하면 넘실대는 바다가 나오고 그 바다가 아시아로 통한다고 생각했을 뿐 구체적인 지리 정보는 알지 못했다.

허드슨의 하프문호는 네덜란드 동인도회사의 요구대로 북

동 항로로 진입했다. 그런데 얼마 가지 않아 폭풍우를 만나 진퇴양난에 빠졌다. 허드슨은 이참에 북동 항로를 포기하고 마음에 두고 있던 북서 항로로 향하고자 선원들의 의향을 물었다. 국적이 다른 선원들이라 소통과 화합에 문제가 있기는 했지만 달리 선택의 여지가 없던 터라 전원 동의하에 하프문호는 북서쪽으로 기수를 돌렸다.

허드슨은 지금의 캐나다 동부 뉴펀들랜드Newfoundland 해안을 따라 내려가 오늘날 미국 매사추세츠주 플리머스와 보스턴을 거쳐 버지니아까지 내려갔다. 당시 버지니아에는 영국의 정착지 제임스타운Jamestown이 있었다. 그곳을 들르고 난 후 다시 북쪽으로 향했다. 북서쪽으로 가면서 향신료 바다(태평양)로 이어지는 수로를 찾으려는 계획이었다. 그는 해안을 유심히 살피면서 항해했다. 오늘날 미국 동부 해안을 더듬어 태평양 수로를 찾으려 한 것이니 지금 상식으로는 터무니없는 일이 아닐 수 없다.

허드슨,
뉴욕에 도착하다

1609년 9월 2일, 허드슨은 수로가 있을 것으로 짐작되는 널찍한 만을 발견했다. 그들은 만의 안쪽으로 들어가 내륙으로 이어지는 수로 입구에 있는 섬에 닻을 내렸다. 오늘날 뉴욕주의 롱아일랜드 남해안에 바짝 붙은 작은 섬 코니아일랜드Coney Island에 도착한 것이다. 바야흐로 미국 역사의 시발점이었다. 허드슨은 곧바로 해안 정찰에 나섰다. 여기서 그들은 원주민과 조우했다는 기록을 남겼는데 환대는 아니었던 것 같다. 그들은 그곳에서 신선한 과일이 열리는 나무와 거대한 참나무를 보았다. 원주민과 손짓발짓으로 소통하며 물물 교환을 시도했는데 그럭저럭 나쁘지 않은 관계를 유지했다. 그러다 거친 선원의 무례한 행동이 원주민과의 충돌을 불러왔다. 선원 한 명이 화살에 맞아 사망하는 불상사가 생기면서 부랴부랴 배를 몰아 강을 타고 내륙으로 도망쳤다. 이때 그들이 들어간 강, 훗날 허드슨강으로 이름 붙여질 그곳이 19세기 말부터 세계 패권국이 된 미국의 중심지가 될 줄을 어찌 알았으랴?

허드슨의 하프문호는 강을 따라 이동했다. 허드슨은 그 물길을 태평양으로 이어지는 수로라고 확신하고 있었다. 그들은

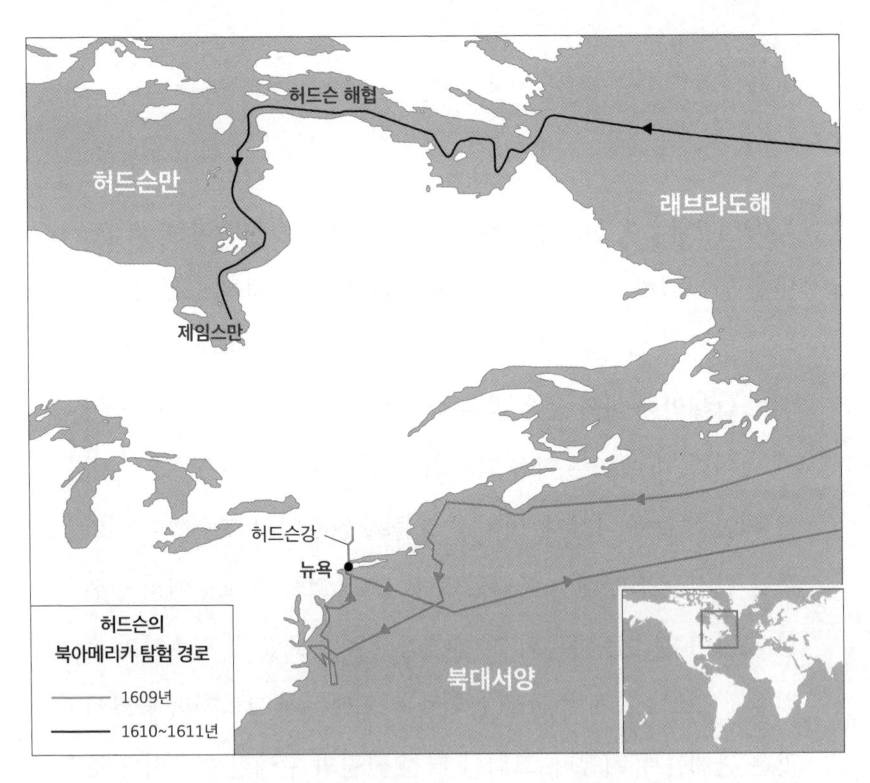

헨리 허드슨의 북아메리카 항해 경로. 1609년에는 허드슨강을 따라 올라갔고, 1610년에는 허드슨 해협을 지나 허드슨만으로 들어갔다.

가는 곳마다 원주민과 이런저런 접촉을 했는데 이것 역시 미국 역사의 한 장면으로 남았다. 그런데 위로 올라갈수록 강폭이 좁아지자 의심이 되기 시작했다. 240킬로미터까지 나아가고는 그만 돌아가기로 결정할 수밖에 없었다. 그가 회귀한 지점이 지금의 올버니Albany이다. 오늘날 허드슨강 상류를 추적해 짚어 가면 그 강이 어떤 바다와도 연결되지 않으며 결국 물길이 사라지고 만다는 것을 알 수 있지만 당시 탐험가들은 이 사실을 알지 못했다.

뱃머리를 돌린 허드슨은 네덜란드가 아닌 런던으로 돌아갔다. 그런데 영국은 허드슨이 조국에 해를 끼쳤다는 죄목을 씌워 기소하고 억류했다. 경쟁국에 그를 빼앗길 수 없었던 것이다. 네덜란드는 펄쩍 뛰며 화를 냈다. '경박하고 변덕스러운 영국 놈들'이라고 비난하는 한편 허드슨이 가치 없는 곳만 돌아다녔다고 그의 항해를 폄하했다. 그러나 네덜란드의 몇몇 상인들은 그의 보고서에서 "이 땅은 내가 다녀 본 곳 중 가장 비옥하다"라는 대목에 주목했다. 그리고 즉시 허드슨이 말한 곳(지금의 미국 맨해튼 지역)으로 배를 보내 조사했다. 허드슨의 말이 사실임을 알게 된 네덜란드 상인들은 원주민 인디언과 교분을 쌓으며 그곳을 차지하려는 꾀를 내기 시작했다. 우선 자신들이 먼저 발견했음을 알리고자 섬의 남쪽 끝에 두 채의 통나무집을 세웠다. '말뚝 박는 자가 임자'라는 당시의 국제 관행에 따른 것이다. 얼마 후 이 통나무집은 요새로 바뀌었다가 10년 후에는 '뉴네덜란드'라는 이름이 붙은 마을이 되었다. 네덜란드에서 이주한 사람들이 정착하면서 그들의 땅이 된 것이다. 당시 이 마을이 동인도 말루쿠해의 작은 섬인 런섬과 얽힐 운명이라는 것을 누가 짐작이나 했을까?

얼음 바다를 헤친 모험가들

영국 동인도회사 역시 북방 항로 개척에 고심하고 있었다. 조지 웨이머스George Waymouth가 이끄는 탐험대를 1602년과 1605년에 각각 북서쪽으로 보냈었는데 두 번 다 별 소득 없이 돌아왔다. 그런데 1차 항해 때 갔다가 돌아온 허드슨 해협(나중에 붙여진 이름)에 관심이 컸다. 아무래도 그 방향이 북서 항로의 지름길 같다고 생각했기 때문이다. 영국 동인도회사는 허드슨에게 그곳을 항해하여 북서 항로를 탐색해 달라고 요구했다. 허드슨도 즉각 탐험대를 조직했고 영국 동인도회사는 투자자를 모집했다. 허드슨의 1·2차 항해를 주선했던 머스코비Muscoby사와 개인 투자자 여러 명으로부터 자금을 모았다.

1610년 4월, 55톤급 디스커버리Discovery호가 런던을 떠나 허드슨 해협을 향해 떠났다. 지도상으로 보면 북극해로 가는 최단 항로는 북미 대륙과 그린란드 사이의 래브라도Labrador해를 지나 북쪽 배핀만으로 가는 것이다. 그러나 얼음투성이였을 항로로 곧장 나아가기는 어려웠을 것이다. 한편 래브라도해에서 캐나다 쪽으로 난 좁은 뱃길인 허드슨 해협을 지나면 허드슨만이 나온다. 이 역시 후세에 헨리 허드슨의 이름을 따서 명명했다. 지도로 보면 만 안쪽으로 둥근 호수처럼 생긴 바다가 보인다. 호수처럼 생겼는데 크기가 엄청나다. 우리나라 동해의 면적이 약 97만 8000제곱킬로미터인데 허드슨만은 그보다 큰 약 123만 제곱킬로미터다.

허드슨만의 바닷물은 상대적으로 염분 농도가 낮아 연중 결빙 기간이 상당히 길다. 얼음이 녹아 대서양으로 열리는 기간은 연중 4개월밖에 안 되는 '얼음의 바다'다. 그러나 당시로서는 이러한 사실을 알지 못했을 테니 탐험대는 얼어붙은 거대한 바다와 마주했을 것이다. 허드슨은 거기를 지나면 태평양이 나온다고 믿었다. 콜럼버스가 서인도제도를 인도로 착각했듯이 말이다.

그들은 얼어붙은 바다에서 겨울을 났다. 많은 기록에서 허드슨의 성격이 묘사되는데 공통적으로 리더십의 결핍을 지적한다. 8개월 이상 얼음에 갇혀 지내다 마침내 배가 움직일 수 있게 되었을 때 당연히 선원들은 돌아가기를 원했다. 하지만 허드슨은 조금만 더 가면 태평양으로 나가는 입구가 있을 거라며 항해를 고집했다. 그들이 허드슨만 남쪽 끝, 즉 제임스만까지 왔을 때

눈앞에 나타난 것은 더는 배로 갈 수 없는 육지뿐이었다. 선원들은 결국 선장 허드슨과 그의 아들, 그리고 병든 선원 7명을 작은 구명정에 남기고 그대로 떠나 버렸다. 이후로 허드슨의 소식은 들을 수 없었다. 탈출한 선원들 역시 대부분 사망하고 오직 5명만 살아 돌아갔다.

또 다른 '향신료 길'을 개척하려는 북서 항로 개척은 그 후로도 계속되었지만 당시 지리적 지식의 한계로 실패할 수밖에 없

헨리 허드슨의 마지막 항해를 묘사한 그림(1881년). 제임스만의 혹독한 겨울을 버티고 다시 탐험에 나서고자 했지만 이에 반대한 선원들에 의해 작은 보트에 태워져 버려졌다. 이후 그의 행방은 알려지지 않았다.

었다. 그로부터 수백 년이 지난 후인 19세기 중반에 북서 항로 개척사의 최대 비극이 일어났다. 당시의 탐사 목적은 향신료와는 상관없는 아시아 운송로 개척이었다. 이때는 향신료가 중요한 품목이 아니었다. 다만 중국, 인도, 일본, 그리고 동남아시아 교역량이 많아지면서 물류비용을 줄이기 위해 새롭게 북방 항로를 개척할 필요가 있었다.

1845년 5월, 영국 해군 본부 주도하에 해군 제독 존 프랭클린John Franklin을 지휘관으로 하여 2척의 해군 함정이 북서 항로 탐사에 나섰다. 해군 장병 139명이라는 대규모 인원과 3년 치 식량 등 완벽한 준비를 마친 팀이었다. 특히 프랭클린 제독은 북극권과 호주 탐험 등 풍부한 경험을 가진 59세의 노련한 항해사였다. 그들은 영국에서 출발해 그린란드 서쪽 해안으로 항해했다. 그린란드에서 5명이 하선했고 134명이 캐나다와 그린란드 사이 배핀만을 통해 북쪽으로 올라갔다. 그런데 그만 실종되어 버렸다. 7월에 다른 배에 의해 관찰된 게 마지막이었다. 여러 탐사대가 행적을 좇다가 결국 그들이 전원 사망했음을 확인했다. 이 사건은 소설과 드라마로 여러 번 만들어질 만큼 최악의 참사로 기록되었다.

북서 항로는 20세기에 들어서야 문이 열린다. 그 주인공은 로알 아문센이었다. 1903년 6월 17일, 노르웨이에서 출발한 그는 1906년 8월 31일에 베링 해협을 통과하여 북미 알래스카의 놈Nome에 도착했다. 출항한 지 3년이 지난 때였다. 그들 일행은 캐나다 북부 킹윌리엄King William섬에서 원주민들과 두 해를 보내고 얼음이 녹자 겨우 항해를 이어 갔다. 베링해에 도착하기 전에는 50여 일간 얼음과 사투를 벌여야 했다. 그리고 마침내 태평양에 이르렀다.

북서 항로뿐 아니라 북동 항로 탐사에서도 목숨을 잃고 스러진 수많은 사람을 기억한다. 그들의 모험은 오늘날 우리가 사는 세계 문명의 자양분이 되었다. 북극 하늘에서 춤추듯 찬란히 빛나는 오로라는 그들의 영혼이리라. 그들이 추위와 얼음을 뚫고 그토록 가고자 했던 곳은 다름 아닌 향신료의 고향인 동인도 지역이었다. 인류의 역사를 다시 쓰게 한 그곳으로 돌아가 보자.

4장

네덜란드와 영국의 향신료 전쟁

향신료 교역의 특수성

포르투갈과 스페인이 수많은 목숨을 희생하며 동인도 항로를 개척한 지 한 세기가 지나자 영국과 네덜란드가 탐욕의 이빨을 드러내며 몰려들었다. 특히 네덜란드 동인도회사는 자금력을 과시하면서 군사력과 외교권까지 정부에서 위임받은 상태였다. 게다가 선진 조선 기술과 항해술을 보유하고 있어 스페인 무적함대를 물리친 영국이라 해도 범접하기 어려운 상대였다.

그러나 아무리 강한 조직도 지도력이 뒷받침되어야 힘을 발휘할 수 있다. 지금처럼 통신이 발달하지 않은 상태에서 먼 거리에 있는 동인도회사 기지를 통제하기란 어려웠을 것이다. 중앙집권적 통제가 불가능하니 현지 사령부의 역량이 중요했다. 여러 나라의 이익이 첨예하게 대립하는 향신료 교역에서 우위를 점하려면 탄탄한 자금력과 기술만으로는 부족하다. 불가피한 충돌이 생겼을 때 이를 타개할 강력한 군사력이 필요하다. 또한 외교력도 중요하다. 특히 원주민과의 관계 유지는 유럽 각국과 하는 경쟁보다 어렵다. 이들은 유럽의 나라들이 들어와 상관을 열고 요새를 짓는 데에 거부감이 있었으며 불공정한 거래에 반발했다. 크고 작은 충돌이 끊임없이 발생해 숱한 사람이 목숨을 잃었다. 네덜란드 동인도회사 입장에서 볼 때 이런 문제들을 강력한 리더십으로 극복한 인물이 있었으니 바로 얀 피터르스존 쿤Jan Pieterszoon Coen이다. 그는 동인도회사 총독을 두 번이나 역임한 네덜란드의 국민 영웅이다.

그의 이력을 따라가 보면 향신료의 역사와 만난다. 그는 네덜란드가 350여 년 동안 인도네시아를 식민 통치하는 데 기초를 다진 영웅이지만 영국 측에서 보면 최악의 훼방꾼이었다. 말루쿠와 반다 원주민 입장에서 보면 무고한 사람을 죽이고 자신들을 착취한 약탈자에 불과하다. 쿤은 1587년 네덜란드 호른Hoorn에서 태어나 칼뱅주의를 신봉하는 부모 밑에서 엄격한 교육을 받으며 자랐다. 14세가 되었을 때 로마로 유학하여 무역과 상업부기를 배웠다. 1606년에 동인도회사에 입사하고 1년 만에 동인도로 떠났다.

그가 합류한 선단은 피터르 빌럼스 베르후프Pieter Willemsz Verhoeff 장군이 이끌었는데, 반다제도에서 원주민과 향신료 거래를 하다가 선장과 선원 45명이 피살되는 어처구니없는 일을 당

얀 쿤의 초상화. 네덜란드령 동인도제도의 제4대 총독을 지냈다. 네덜란드의 영웅이자 동인도제도의 침략자라는 상반된 평가를 받고 있다.

했다. 네이라섬에서 수개월간 벌인 육두구 거래 협상이 결국 유혈 충돌로 이어진 것이다. 사건 직후 자카르타에 있던 네덜란드인들이 이들을 응징하고 나사우 요새Fort Nassau를, 말루쿠의 트르나테에는 오라녜 요새Fort Oranje를 각각 세웠다.

1610년, 쿤이 귀국하여 보고서를 냈다. 당연히 동인도제도의 무역 전반에 대한 의견이 있었을 것이고, 이를 감안한 본사는 1612년 동인도로 향하는 선단의 상단 책임자로 그를 임명했다. 덕분에 그는 두 번째 항해를 떠나게 되었다. 그의 나이 약관 25세였다. 선단은 1612년에서 1617년까지 5년 동안 상당한 성공을 거두었다. 그 공로로 쿤은 1613년 경리 총책으로 승진하고 반텐과 바타비아(자카르타) 지사장이 되었다. 이듬해 이사로 승진해 총독 다음가는 이인자가 되었다. 1617년, 드디어 동인도 총독에 올랐을 때 그의 나이는 30세였다. 1618년에서 1622년 사이에 그는 자카르타, 그리고 그토록 어려웠던 반다제도를 정복했는데 원주민과의 갈등은 무력을 앞세워 강압적인 수단으로 해결했다. 얀 쿤은 그런 방법만이 유일한 해결책이라고 믿었다. 그는 폭거와 잔인한 살육으로 사업을 이끌었는데 이는 후에 그가 국민적 영웅으로 추앙받았을 때도 논란이 되었다.

얀 쿤은 1614~1618년 동안 말루쿠해의 정향과 반다의 육두구를 독점 거래하는 계약을 마무리 지었다. 그러나 반다제도 원주민들은 이를 무시하고 영국과 자바 상인들과 뒷거래를 했다. 그들이 더 좋은 가격을 제시했기 때문이다. 쿤은 반다제도에서 확실한 입지를 다지기 위해 잔혹하게 응징했다. 그런데 여기에서 영국 동인도회사의 그림자가 어른거리고 있었다. 영국은 향신료 확보에 사활을 걸고 있었고 이후 네덜란드와 치열한 공방을 벌이다 결국 밀리고 만다. 그러나 이때 네덜란드에 당한 수모가 한 세기 후 영국이 세계 패권 국가로 거듭나는 자양분이 되었다고 감히 말할 수 있을 것이다. 지금부터 그 이야기를 펼쳐 보고자 한다.

네덜란드의 선점과 영국의 고민

앞서 영국 동인도회사는 두 번째 항해에서 데이비드 미들턴 선장이 배 한 척에 가득 싣고 온 향신료, 특히 육두구와 메이스Mace(말린 육두구 껍질)로 투자자들에게 만족할 만한 이윤을 안겨 주었다. 그리하여 3차 항해를 기획했다. 이번 항해에는 데이비드 미들턴의 형인 헨리 미들턴 경이 총지휘를 맡았다. 당시 미들턴가는 삼형제 모두 영국 제일의 항해 경험을 가진 역전의 용사들이었다. 3차 항해를 위해 영국 역사상 가장 큰 1100톤 규모의 배를 새로 건조했다. 진수식은 제임스 1세 왕과 왕비가 참석해 테이프를 끊고 축제처럼 성황리에 거행되었다. 배의 이름도 미래의 염원을 담은 '트레이드 인크리스Trade Increase호'로 지었다. 영국 동인도회사는 선단에 참여할 영업 사원과 선원을 대거 채용했

메이스는 육두구 씨를 감싸고 있는 씨껍질을 말린 것으로, 약 2주간 말리면 황갈색으로 매끄럽고 단단하게 변한다.

다. 그중에는 너새니얼 코트호프Nathaniel Courthope라는 인물이 있었는데 훗날 영국의 향신료 역사에 비중 있는 역할을 한다.

미들턴 선단은 1610년 4월에 출항 길에 올랐다. 네덜란드 동인도회사의 얀 쿤이 1차 항해 후 귀국해 보고서를 제출한 시기와 엇비슷했다. 트레이드 인크리스호와 함께 출항하는 달링호 역시 경험이 풍부한 니컬러스 다운턴이 선장을 맡았다. 회사가 헨리 미들턴에게 지시한 사항은 최상급 육두구 300톤, 크고 밝은 빛깔의 메이스 20톤이었다. 또한 다음 선적을 준비할 영업 사원 여러 명을 현지에 남겨 놓을 것, 가는 동안 되도록 여러 항구에 들러 교역을 확대할 터전을 닦아 보라는 것 등이 포함되었다.

미들턴 선단은 아프리카 희망봉을 돌아 인도양으로 진입하고 회사가 지시한 대로 교역을 확대할 가능성이 있는 항구인 예멘의 아덴항에 들렀다. 한편 니컬러스 다운턴 선장이 이끄는 달링호는 아덴을 비켜 홍해로 들어가 예멘 모카항으로 갔다. 당시 예멘은 오스만 제국 지배하에 있었는데 제국 총독부 관리들이 나와 있었다. 1100톤이나 되는 대형 범선의 출현은 무척 낯선 풍경이었으리라. 돛을 좌우상하로 층층이 달아매고 갑판에 대포를 촘촘히 내건 트레이드 인크리스호의 위용을 본 오스만 관리들은 어떤 느낌이었을까?

오스만 제국과 영국은 거리상 멀찍이 떨어져 있어 양국 간 직접적인 군사적 접촉은 없었다. 그리하여 영국 배가 무슨 목적으로 아덴에 입항했는지 확실히 모르는 상황에서 무조건 적대적인 태도를 보일 수는 없었을 것이다. 그들은 일단 영국 선단을 환영하는 태도로 맞이했다. 아마도 오스만 제국의 수도 콘스탄티노플에 보고하고 명령을 기다려야 했을 것이다.

미들턴의 영업 사원 한 명이 노 젓는 배를 타고 상륙해 그쪽 총독부 인사와 접촉을 시도했다. 다행히 거래가 순조롭게 이루어져 총독부 책임자가 연회를 열어 미들턴 일행을 초대했다. 아덴 총독부로서는 중무장한 영국인들을 대놓고 도발하기란 쉽지 않았으리라. 전통적으로 영국이나 네덜란드 상선은 대포를 촘촘히 장착하고 있고 선원들도 해군 병사에 버금가는 전투력을 가지고 있었다. 방어용이라고는 해도 언제든 경쟁국의 배를 노략질할 수 있는 것이다.

일은 잘 풀리는 듯했고 미들턴 일행은 거래가 마무리될 때까지 아덴에서 유유자적했다. 그런데 어느 날 총독부가 태도를 돌변하더니 갑자기 미들턴과 간부 일행을 체포했다. 콘스탄티노플로부터 만으로 들어오는 외국 선박을 무조건 제재하라는 명령을 받은 것이다. 미들턴은 졸지에 상당 기간을 구금 상태로 보내야 했다. 이로 인해 출항한 지 2년이 되어 가는 동안 발이 묶였다. 배는 손상되고 식량도 바닥이 날 지경이었다. 직원들에게 줄 급여조차 얼마 남지 않았다. 미들턴은 예멘의 수도인 사나Sana로 이감되었다가 우여곡절 끝에 간신히 석방되었다.

육로로 모카까지 갔다가 아덴의 트레이드 인크리스호로 겨우 돌아왔다. 그런데 돌아와 보니 선원들의 몰골이 말이 아니었다. 건강이 매우 나빠져 하루하루 근근이 버티는 이들로는 호시탐탐 도둑질을 하려고 몰려오는 적을 방어하기도 버거웠다. 이대로 있다가는 앉아서 죽을지도 모른다는 생각이 들었다. 미들턴은 강하게 나가기로 했다. 먼저, 구금된 영업 사원들을 풀어 달라고 총독부에 요구했다. 안 그러면 항구를 봉쇄하고 정박해 있는 배들을 모조리 공격하겠다고 위협했다. 영국이 항구를 봉쇄하자 상황이 역전됐다. 오스만 총독부는 어쩔 수 없이 이들의 요구를 들어줄 수밖에 없었다. 이때 풀려난 영업 사원 중에는 너새니얼 코트호프도 있었다.

사태를 수습한 미들턴은 당초의 목적지인 자바로 출항했다. 국왕 제임스 1세와 수많은 상인의 기대를 받으며 출항했는데 빈손으로 돌아갈 수는 없는 일이었다. 수많은 선원과 사원을 잃고 배는 배대로 망가져 항해조차도 불투명한 상태였지만 선택의 여지가 없었다. 그들은 거지 떼가 따로 없는 몰골로 자바의 반텐에 닻을 내렸다.

열대 지방에 온 유럽인들은 각종 전염병에 취약했다. 약이나 백신이 없었던 시대라 현지인들도 고작 주술呪術로 대처할 따름이었다. 게다가 조악한 위생 상태로 여행 중 수많은 사람이 죽었다. 특히 반텐 지역에서 영국과 네덜란드 사람들이 각종 병으로 사망했다는 기록이 많다. 말라리아보다 더 치명적인 것은 이질인데 콜럼버스, 프랜시스 드레이크도 이 병으로 사망했다. 반텐에 들어온 미들턴 일행 상당수도 배 안에서 사망했는데 아마도 콜레라와 같은 전염병 때문이 아니었나 짐작된다.

영국에서 뒤이어 보냈던 영업 책임자, 존 주르댕John Jourdain이 남긴 기록이 있다. "나는 도착했다는 신호로 예포 세 발을 쏘았다. 그런데 트레이드 인크리스호에서는 아무런 응답이 없었다. 어쩐지 수상한 분위기여서 하선을 안 하고 지켜보는데 해변에서 작은 배 한 척이 오고 있었다. 가만히 응시해 보니 알 만한 사람 네 명이 타고 있었다. 몰골이 귀신 같았다. 그중에 너새니얼 코트호프도 있었는데 제대로 서 있지 못할 정도로 심하게 병들어 있었다."

총지휘자 헨리 미들턴 경을 포함해 무려 140명이 죽었다. 그중에는 영국인 100명과 고용된 중국인, 네덜란드인들도 포함되어 있었다. 거의 폐선이 되다시피 한 트레이드 인크리스호는 불을 질러 태우고 가라앉혔다. 영국 최대의 선박으로서는 불명예

스러운 종말이었다. 같이 온 달링호도 사정이 나아 보이지 않았다. 영국까지 항해하여 돌아가기는 불가능하다고 판단해 동인도 바다에서만 운항하기로 했다. 이번 실패는 영국으로서는 상당한 손실이었다.

동인도 지역에 제대로 된 영국 상관은 반텐밖에 없었다. 그마저도 호시탐탐 도둑질을 하러 담장을 넘는 현지인들, 창궐하는 전염병과 싸워야 했다. 반면에 네덜란드 동인도회사는 암본에 탄탄한 상관과 군사 요새를 구축하고 반다제도의 육두구를 독점적으로 거래했다. 트르나테와 반다의 네이라에도 견고한 요새를 구축해 놓고 있었다. 동인도에서 영국이 자유롭게 운신할 곳은 없었다. 런던 본부에서도 이러한 상황을 직시하고 해결책을 찾았으나 뾰족한 방법은 없었다. 그렇다고 이대로 네덜란드에 무릎을 꿇을 수 없다는 결론을 내리고 근거지인 반텐의 책임자로 임명받은 존 주르댕에게 그들과 맞서라는 명을 내렸다. 적절한 지원도 약속했다.

존 주르댕은 영국 동인도회사의 계약직 영업 사원으로 입사했다가 1608년에 인도로 파견됐다. 영국 동인도회사의 인도 상관은 인도 서부 해안 도시 수라트Surat에 있었다. 주르댕은 본사로부터 헨리 미들턴 선단에 합류하라는 명을 받고 뒤늦게 반텐에 왔다가 비극적인 현실을 목도하게 된 것이다. 그로부터 수년 후 존 주르댕은 반텐에 머물면서 영국 동인도회사를 책임지는 자리에 올랐다.

네덜란드 동인도회사는 막강한 자금력과 암스테르담 본부의 효율적인 조직력이 있었다. 이에 비해 영국 동인도회사는 자금력과 조직력이 달렸고 현지 주재원들의 부패 또한 만연했다. 주르댕은 막강한 네덜란드에 직접 맞서지는 못했지만 그런대로 잘 버텨 나갔다. 적어도 말루쿠와 반다제도에서 일방적으로 무릎을 꿇지는 않았는데 이때의 악전고투는 후에 다시 이야기하겠다.

향신료 전쟁의 서막

동인도 향신료 교역의 중심지인 말루쿠와 반다에서 네덜란드는 어떻게 확고한 거점을 확보했을까? 그 과정은 다음과 같다.

말루쿠 제도의 정향 산지인 트르나테와 티도레는 포르투갈이 반세기 이상 그곳에 상관과 요새를 세우고 교역을 해 왔다. 이들은 정향을 구입하여 본국에 보내는 일 외의 다른 야심이 없었다. 요새라고 해야 몇 명의 군인과 대포가 전부여서 현지 정부와 주민에게 위협을 가하는 일은 거의 없었다. 현지 지도자인 술탄의 지도력과 군사력이 만만치 않았기에 굳이 긴장을 조성할 필요가 없었다. 현지인들이 수확한 정향을 값싸게 구입하는 것만이 포르투갈의 유일한 관심사였다. 요새는 어디까지나 방어 목적이었다. 자바인, 중국인, 아랍 상인들도 그곳에서 거래했다. 해

코지만 하지 않으면 그들의 거래에 개입할 일도 없었다.

초기에는 현지인들과 마찰이 심했다. 대체로 문화적 차이에서 오는 오해였으나 두 세대를 넘기자 자연스레 공존의 분위기가 정착됐다. 암본은 정향 산지인 트르나테, 티도레와 육두구 산지인 반다제도의 중간에 있다. 게다가 현지 중개인이 직접 물건을 가져다주었다. 반다해는 바람의 방향이 종잡을 수 없을 정도로 오락가락하고 풍랑도 자주 일어 결코 편안한 뱃길이 아니었다. 굳이 위험을 자초할 이유는 없었다.

포르투갈은 초기에 반다제도의 여러 섬에 들러 직접 통상을 시도했지만 환영은 고사하고 여러 사람이 살해당하는 일까지 겪었다. 주민들은 본능적으로 백인들을 적대시했고 포르투갈인도 마찬가지였다. 온갖 거짓말과 속임수에 진절머리가 나 있는 상태였다. 그러다 1605년 어느 날, 암본에 네덜란드 선박이 나타났다. 갤리언선으로 보이는 배 한 척이 수평선에 나타나더니 점점 해안으로 다가왔다. 얼핏 보아도 위용이 대단했다. 돛을 달아맨 마스트가 몇 개인지 세어 보기도 전에 갑판 밑에 촘촘히 입을 벌리고 있는 대포들이 보였다. 갑판에는 머스킷 총을 둘러메고 서 있는 병사들이 사뭇 위협적이었다. 수평선에 또 다른 배가 나타났다. 그리고 또 다른 배, 이어서 또 다른 배…. 이날 암본으로 들어온 네덜란드의 배는 9척이나 됐다. 모두가 대형 선박으로 포르투갈 지휘자가 할 수 있는 일이라고는 입을 쩍 벌리고 쳐다보는 것이 전부였다.

스페인 무적함대의 갤리언선을 복원한 모습. '갤리언'은 '전함'이라는 뜻의 '갤리'에서 따온 이름이다.

이 이야기는 앞서 영국 미들턴 제독의 항해 이야기에서 언급한 바 있다. 네덜란드는 그렇게 암본에 무혈입성했다. 이후 암본은 바타비아(자카르타)가 네덜란드 동인도회사의 총사령부가 될 때까지 사령부 역할을 했다. 네덜란드 동인도회사는 포르투갈의 전철을 밟지 않기로 작정했다. 느슨한 현지 상업 조직과 허술한 요새로는 부족했다. 강력한 군사력으로 현지 세력을 통제하고 정향과 육두구 거래를 완벽히 독점하고자 했다. 그런데 문제는 영국의 동인도회사였다. 영국도 네덜란드와 마찬가지로 동인도의 사령부가 자바의 반텐에 있었다. 두 나라의 동인도회사는 각기 현지 지도자와 관계를 잘 유지하면서 서로의 입지를 공고히 하려고 노력했다. 현지 세력인 반텐과 자카르타의 술탄도 이들 두 회사 중 어느 한쪽으로 힘이 기울지 않기를 바라며 안전을 도모했다.

영국의 동인도회사는 네덜란드와 달리 말루쿠제도의 정향이나 반다제도의 육두구를 독점할 생각이 없었다. 물론 네덜란드 동인도회사도 처음에는 그러다가 태도를 바꿨다. 원주민과의 잦은 마찰, 그리고 뒤에서 이들을 조종하며 사업을 어렵게 만드는 경쟁국 영국과 포르투갈에 화가 났다. 그리하여 트르나테와 티도레, 암본에서는 포르투갈을 내쫓았다. 그들의 요새는 파괴되었고 쓸 만한 요새와 창고는 모두 장악했다. 다음 차례는 포르투갈이 통제하지 못하고 있던 반다제도였다. 네덜란드인들은 그곳에 요새와 상관을 세우고 육두구를 독점하려고 했다.

영국의 동인도회사는 향신료 사업에 있어 네덜란드의 우위를 인정했다. 그러나 반텐에서 올라오는 보고서와 항해 선단에서 가져오는 기록들을 면밀히 검토해 보니 네덜란드 쪽에서 향신료 사업을 독점하려는 의도가 분명해 보였다. 이를 막으려면 군사적 조치밖에 답이 없었다. 수차례 외교적으로 해결하려 했지만 결과가 신통치 않았다. 영국은 군사력을 보강하기로 했다. 그러나 상황이 그다지 좋지는 않았다. 여기서 군사력이라 함은 선박과 대포 등의 무기 체계, 훈련된 병사의 수, 그리고 이들에 대한 빠른 보급일 텐데 이들 중 어느 하나도 네덜란드를 능가할 수 없었다.

우선 선박 문제인데 영국 동인도회사는 선박을 전부 임대해서 썼다. 반면 네덜란드 동인도회사는 모두 자기 소유였다. 또한 영국 역시 해전에 강했지만 병사와 병사를 지휘하는 지휘자는 네덜란드에 비해 우수하다고 말할 수 없는 처지였다. 당시 네덜란드는 잔혹한 전투로 유명했다. 이후 반다제도에서 벌어진 원주민과의 전투에서 이들은 잔인함을 여실히 보여 준다. 영국이 네덜란드보다 유리한 점이 딱 하나 있었으니 그것은 원주민과의 관계였다. 영국은 현지인들과 매우 좋은 관계를 맺고 있었으며 이것이야말로 영국이 오랫동안 그곳에서 향신료 교역을 할 수 있었던 주요 배경이었다.

반다제도 네이라섬의 학살

네덜란드 동인도회사는 1605년 암본에서 포르투갈을 내쫓고 상관과 요새를 설치한 후 말루쿠의 향신료 사업을 독점했다. 회사는 상당한 이익을 얻었지만 반다제도의 섬들만큼은 예외였다. 여기에는 아직 네덜란드 요새가 없었고 확고한 영향력을 가지지 못했다. 반다제도의 여러 섬 중에 육두구가 생산되는 지역은 네이라섬, 론토르섬Lontor(현지 이름은 'Banda Besar', 영국은 'Great Banda'라고 부른다), 아이섬, 그리고 서쪽에 좀 떨어져 있는 작은 섬인 런섬이었는데 이 중 네이라섬이 중심이었다. 그래서 보통 이곳에서 육두구를 거래했다. 여기에는 일찍이 포르투갈이 건설했다가 버려둔 요새가 있었다. 네덜란드 동인도회사 암스테르담 본부는 네이라 요새 건설을 결정하고 1607년에 선단을 보냈다. 앞서 언급

피터르 빌럼스 베르후프의 초상화. 네덜란드 해군 제독으로 반다제도에서 원주민들에게 살해당했다. 그의 죽음은 네덜란드의 반다제도 점령의 빌미가 되었다.

했지만, 한 번 더 이 시기를 조명해 보려고 한다.

네덜란드 선단의 지휘자인 베르후프 장군은 지중해에서 펼쳐진 스페인과의 전쟁에서 혁혁한 공을 세운 역전의 용사다. 그랬던 그가 이번에는 육두구 독점을 위해 네덜란드 병사 1000여 명과 수백 명의 일본 사무라이 용병으로 구성된 막강한 선단을 이끌고 1609년 네이라섬에 도착했다. 그런데 이 배에는 훗날 네덜란드가 인도네시아를 식민 통치하는 기반을 마련한 얀 쿤이 타고 있었다. 그는 섬에서 벌어진 일을 목격했다. 아마도 당시 느낀 바는 그의 원주민 정책에 반영되었을 것이다.

그런데 이들 선단 기록에는 의심스러운 점이 있다. 네이라섬은 길이 3.3킬로미터, 폭 1.3킬로미터의 아주 작은 섬이다. 세계 지도에서도 잘 보이지 않는 그런 작은 곳에 요새 하나를 짓는데 1000여 명이 넘는 병력을 보낼 이유가 있었을까? 추정하건대, 당시 반다제도 주민들의 저항이 워낙 크고 소문처럼 막무가내여서 다루기 어려운 상황이었을 수도 있다. 그래서 처음부터 힘으로 압박하려는 의도가 있었을 수 있다. '강하면 부러진다'고 했던가, 이후 그들은 처절한 운명을 맞게 된다. 지금 인도네시아 반다제도에 사는 사람들은 과거 반다제도 사람들의 후예가 아니다. 네덜란드의 침략으로 그들의 선조들은 거의 사라졌고 지금 주민들은 외부에서 들어온 이들의 후예다.

비극의 역사는 이렇게 시작된다. 베르후프는 도착하자마자 섬 주민의 대표자인 오랑카야Orangkaya들을 소집했다. 오랑카야를 '추장'으로 번역하는 것은 적절치 않은 것 같다. 씨족 정도의 작은 집단을 대표하는 사람들이니까 주민 대표, 대의원, 이장里長 정도일 텐데 여기서는 '오랑카야'로 지칭하겠다. 커다란 나무 아래 모인 수십 명의 오랑카야 앞에서 베르후프는 미리 준비해 온 원고를 읽었다. 포르투갈어와 말레이어로 쓰인 것이었다.

그는 자신들과만 거래하기로 했던 종전의 약속을 상기시키고 이를 지키지 않은 데 대해 비난했다. 그리고 네이라섬에 네덜란드 요새를 짓겠다고 통보했다. 포르투갈로부터 주민들을 보호한다는 명분을 내세웠다. 주민들은 별다른 반응을 보이지 않았지만 베르후프는 부정적인 분위기를 감지했다. 베르후프는 즉각 요새 건설에 착수했다. '나사우'라고 불리는 요새로 다른 점령지에도 지어졌고 지금도 남아 있다. 미국 뉴욕의 올버니와 뉴저지, 아프리카의 가나와 세네갈, 남아메리카 가이아나 등에도 같은 이름의 요새가 있다.

회합 후 주민 한 명이 오랑카야들이 지휘관을 만나 여러 안건에 대해 토의하고 싶다는 의사를 전해 왔다. 베르후프는 이를 협조 의사로 받아들였다. 그들은 무장한 네덜란드 병사들이 있는 진지는 무서우니 자기들이 모여 있는 숲으로 와 주면 좋겠다고 했다. 무기도 가져오지 말라고 했다. 베르후프는 이를 흔쾌히 받아들이고 병사들과 함께 접선 장소로 갔다. 도착해 보니 그곳에는 무장한 주민들이 모여 있었다. 이들은 즉시 베르후프와 병사들을 에워싸고 살육을 감행했다. 베르후프 장군을 포함해 무

1646년경에 그려진 나사우 요새 도면. 네이라섬의 나사우 요새는 1609년에 완공되었는데 반다제도에 완성된 최초의 네덜란드 요새다.

네이라섬에 남아 있는 나사우 요새 유적의 현재 모습. 사진 오른편에 보이는 산이 구눙아피섬의 화산이다.

려 47명이 참살을 당했다. 이 사실을 전해 들은 네덜란드는 경악했다. 베르후프의 후임 총독으로 임명된 피트 하인Piet Hein은 혈기를 게양한 모선을 이끌고 가 즉시 보복에 들어갔다. 그들이 가진 모든 무력을 동원해 마을을 불태우고 원주민 대부분을 무참히 살해했다.

네덜란드는 참혹한 보복 공격 이후 살아남은 몇 명의 오랑카야와 조약을 맺었다. 말이 조약이지 무슨 협상이 가능했겠는가? 그들은 네덜란드가 내미는 문서에 무조건 동의해야 했다. 그들이 네덜란드어를 이해했으리라고 보기는 어렵다. 그저 필요한 곳에 동그라미나 작대기를 그려 넣는 게 전부였을 것으로 추정되지만 진실은 알 수 없다. 게다가 당시 주민들이 사용한 문자에 관한 자료 역시 찾아볼 수 없다. 17세기 초에 머나먼 인도네시아 반다해의 작은 섬에서 육두구 생산으로 살아가는 이들에게 문자가 있었다면 아마도 자바어쯤이었을 것이다. 지금 인도네시아는 로마 알파벳으로 자바어를 표기한다. 이는 네덜란드가 식민 통치하면서 그렇게 만든 것이다. 그러니 당시 어떤 문자를 사용했을지는 미지수다.

어쨌든 네덜란드의 막강한 군사력 앞에서 네이라섬은 무릎을 꿇었다. 이제 이곳 육두구는 오로지 네덜란드 동인도회사를 통해서만 거래할 수 있었다. 반다제도를 호시탐탐 노리던 영국은 물론 가끔 드나들던 자바인, 중국인, 이슬람, 인도인, 말레이인들은 공식적으로는 거래 기회를 잃게 된 것이다.

영국은 특정 지역의 향신료를 독점할 생각이 없었다. 좋은 가격에 원하는 물량만 확보하면 그만이었다. 그렇지만 네덜란드가 독점권을 쥐고 거래를 막는 것을 용인할 생각도 없었다. 그러니 양국 간 충돌은 이미 이때부터 예견되어 있었는지 모른다. 인도네시아 자바섬의 서쪽 끝 반텐에서 동티모르 북쪽 바다인 반다해 반다제도에 이르기까지 두 나라 사이에 피바람이 몰아쳐 오고 있었다.

영국 존 주르댕 vs 네덜란드 얀 쿤

지금부터 이야기할 역사는 네덜란드인이 남긴 기록과 일부 영국인이 남겨 놓은 기록에 근거한다. 물론 유럽 열강의 입장이 객관적일 리가 없다. 다만 문자가 없었던 반다인들이 스스로 쓴 역사가 후대에 전해지지 못했음을 감안해야 한다.

베르후프 장군이 죽자 후임 총독 피트 하인은 네이라섬에서의 계약을 완료한 후 나사우 요새를 건설했다. 1610년에는 암본으로 가서 정향 구매 협상을 끝내고 다시 네이라로 돌아왔다. 또한 네이라와 이웃한 론토르섬 일대와 런섬을 탐사했다. 그리고 네이라에 추가로 벨기카 요새Fort Belgica를 건설했다. 이 요새는 반다제도에 세운 세 번째 요새다.

반텐에 있는 영국 지휘부에서는 존 주르댕이 책임 수석이

네이라섬에 위치한 벨기카 요새를 위에서 내려다본 모습. 오늘날 이 요새는 반다제도의 대표적인 관광지 중 하나로 자리매김했다.

되었다. 그는 1607년에 동인도로 첫 항해를 떠난 후 5년 뒤에 귀국해 이사회에서 동인도 상황을 브리핑했다. 주르댕은 귀국 전에 회사 대표 토머스 스미스 경에게 수차례에 걸쳐 현지 실정을 편지로 보고한 바 있었다. 현지 상황을 긍정적으로 평가하면서 회사가 이 지역에 좀 더 관심을 가지고 지원해 달라는 내용이었다. 영국 동인도회사의 이사회도 네덜란드가 막강한 자금력과 군사력으로 동인도 지역을 독점하려는 속셈을 잘 알고 있었다. 그렇지만 그들과 대놓고 맞서기는 부담스러워했다. 다만 영국 지휘부였던 주르댕은 분명 강성 국수주의자임이 틀림없었고 이후 네덜란드 동인도회사 책임자로 임명될 얀 쿤 또한 마찬가지였으니 향후 두 사람이 부딪칠 날은 분명 가까워지고 있었다.

영국 동인도회사의 대표 토머스 스미스 경은 주르댕의 브리핑을 듣기 위해 특별 이사회를 소집했다. 당연히 경쟁 관계에 있는 네덜란드 쪽 움직임이 주된 관심사였다. 주르댕은 네덜란드 측의 군사력 증강을 포함한 일련의 활동을 자세히 설명했고 영국의 대응책과 현실적인 문제를 지적했다. 영국의 힘이 약해 네덜란드에 대항하여 싸우는 반다제도 주민들을 보호하지 못하는 안타까운 실정도 이야기했다.

"반다제도의 주민들은 우리 편입니다. 그들은 불공정한 야만인인 네덜란드를 극도로 싫어합니다. 대신 영국이 자신들을 보호해 주기를 간절히 바라고 있습니다. 게다가 향신료 모두를 영국에 팔고 싶어 합니다. 우리가 최소한의 군사력만 있어도 네덜란드는 감히 우리에게 대적하지 못할 것입니다. 또한 원주민들에게 무기를 지급하고 군사 훈련을 시키면 기꺼이 우리의 군사가 될 것입니다. 우리가 동인도에서 사업을 지속하는 한 네덜란드와의 충돌은 필연적입니다. 이 점을 이해하신다면 부디 투자를 늘리고 군사력을 보강해 주십시오."

"우리가 투자를 늘리고 군사력을 보강하면 네덜란드를 이길 자신은 있습니까?" 이사진이 물었다.

"네덜란드, 제까짓 것들이 달리 무슨 방도가 있겠습니까? 자신 있습니다." 주르댕이 대답했다. 자신이 허풍을 떨고 있음을 알았지만 어쩔 수 없었다. 그렇게 해서라도 투자를 유치해야 사업을 지속할 수 있고 잘하면 네덜란드인들을 결딴낼 수도 있을 테니까. 결국 그는 사실상 동인도 사업을 책임지는 수석 영업부장으로 발령되어 반텐으로 돌아왔다. 한편 네덜란드 동인도회사도 26세의 젊디젊은 얀 쿤을 반텐 수석 영업부장으로 발령했다. 전례가 없는 발탁이었다.

얀 쿤은 부임한 지 불과 몇 년 만에 대단한 실적을 냈다. 사업에 대한 식견이 넓고 진취적이고 정확했다. 회사의 최고 의사결정 기구인 17인 위원회에서 그를 과감하게 승진시킨 데는 이유가 있었다. 주르댕과 쿤은 동인도의 향신료가 '황금 알을 낳는 거위'임을 알았다. 다른 무엇과도 비교할 수 없는 수익성이 그 증거였다. 무려 200배에서 2000배까지 이윤을 안겨 주니 어떤 희생을 치르더라도 결코 포기할 수 없는 꿈의 사업이었을 것이다.

영국의 주르댕은 특히 반다제도에 집중해야 한다고 생각했다. 네덜란드가 네이라에 요새를 2개씩이나 건설하고 큰 규모의 상관을 운영하고 있었지만, 반다에는 네이라만 있는 것이 아니었다. 네이라와 인접한 구눙아피Gunung Api와 론토르는 몰라도 네덜란드가 아직 확실히 점유하지 않았다고 보이는 아이섬과 런섬은 영국이 차지할 만하다고 주르댕은 판단했다. 그 두 섬만 확실하게 장악해도 육두구 물량이 절대 부족하지 않을 것이었다. 더욱이 그쪽 원주민들은 네덜란드 사람들을 극도로 싫어했다. 영국은 수년에 걸쳐 그들과 교우했고 머스킷 총을 위시한 무기도 제공했다. 론토르섬도 아직 완벽하게 포기할 상황은 아니라고 생각했다. 주르댕은 네덜란드 동인도회사의 형편을 알아보고 향신료도 구매할 목적으로 암본을 향해 떠났다.

네덜란드 동인도회사는 최근 암본에 공을 들이고 있었다. 총독을 위시한 핵심 간부 사원들을 암본에 주재시켰는데 총독을 능가하는 실세인 얀 쿤도 얼마 전에 이곳으로 파견됐다. 그의 건방진 태도는 익히 들어 잘 알고 있었다. 주르댕은 이번 여행에서 쿤과의 만남을 기대했다. '어린 녀석이 건방을 떨다니, 이번에 만나면 본때를 보여야겠어.' 그는 속으로 이를 갈았다. 만나기도 전에 분기憤氣가 탱천撑天했다.

당시 주르댕은 동인도회사에 입사하기 전에 가업인 해운업에 오랫동안 종사한 인물이었다. 거친 뱃사람 기질이 있는 데다 이권 계산에도 빠른 장사꾼이었다. 반면 얀 쿤은 암스테르담에서 로마로 유학을 가서 경리 학교에 다닌 이력이 전부였다. 주르댕이 보기에 26살의 초보 장사꾼에 불과한 쿤과의 대결에서 자신감을 느낀 것은 어찌 보면 당연하다. 그는 쿤을 얕보고 있었다. 이 두 사람은 몇 년 후 처절하게 운명이 갈리고 그중 하나는 비극적인 종말을 맞는다.

말루쿠제도에 감도는 전운

암본은 네덜란드의 영역이다. 그곳은 정향 산지인 북말루쿠의 트르나테와 티도레, 그리고 남쪽에 있는 반다제도의 중간 지점에 위치해 교통의 중심지일 뿐 아니라 배가 근접하기 어려운 자연적 방어 지형에 둘러싸여 있었다. 정향과 육두구를 거래하기에는 이상적인 항구였다. 아무리 뱃심이 두둑한 주르댕도 대놓고 영국 동인도회사의 깃발을 세우고 이곳에 입항하기는 무리였다. 굳이 네덜란드의 심기를 자극할 필요는 없었다. 그들은 주항이 아닌 북쪽 히투 마을에 배를 댔다. 그 마을에 주둔한 네덜란드 선장에 대한 예의를 표하려고 두 번의 예포를 쏘았다. 배에서 내려 선장을 만나 찾아온 목적을 말했다. 정향을 사려는데 그쪽에서 반대한다면 원주민과 직접 거래하지는 않겠노라고 몸을 낮췄다. 네덜란드 선장은 예의를 차리는 주르댕을 함부로 대할 수 없었다.

"나는 권한이 없소. 영업 담당이 본부에 있는데 그쪽에 알아본 다음에 답해 줄 수 있겠소. 아니면 당신이 직접 가서 이야기해 보던가." 선장이 머뭇거렸다.

"얀 쿤을 말하는 것이오?" 주르댕이 물었다. "잘 아시는구먼. 바로 그 사람이오." 선장이 답했다.

주르댕은 이전에 원주민 오랑카야를 만나 직거래를 시도한 적이 있었다. 영국에 우호적이기도 했고 그들 스스로 네덜란드를 견제하고 싶어 했다. 그러다 네덜란드 쪽에서 경고를 받은 상태였다. 만약 영국인들과 몰래 거래하다가 들키면 히투의 마을을 전부 불살라 버리겠다고 엄포를 놓았다고 한다. 주르댕은 어쩔 수 없이 본부로 들어가서 쿤을 만나야 했다. 새파랗게 젊은 얀 쿤은 피부가 희고 키가 큰 청년이었다. 사람의 마음을 꿰뚫어 보는 듯한 날카로운 눈을 숨기지 않았으며 몸짓에는 거만함이 흠씬 배어 있었다. 주르댕은 그 모습만으로도 기분이 상해 하마터면 욕이 튀어나올 뻔했다. '재수 없는 녀석!'

"당신이 존 주르댕이오? 영국인이 여기 네덜란드 영역에 무엇 때문에 왔소?" 사무실에서 기다리던 쿤이 그를 맞아 턱을 치켜들고 눈을 내리깔면서 물었다. "네덜란드 영역이라니? 네덜란드 땅이란 말이오? 여기는 분명 암본 술탄국인데 무슨 말을 그렇게 하시오?" 주르댕이 맞받았다.

“그건 그렇고 신임장은 가져왔소?” 궁색해진 쿤이 화제를 돌렸다. “신임장이라니? 무슨 신임장?” “당신네 나라가 아닌 남의 땅에 갈 때는 당신네 나라 국가 원수(제임스 1세)가 당신의 신분을 보증하는 신임장(여권 같은 것을 말하는 것이리라)을 발행해 줘야 하는 것 아니겠소?” 쿤이 말했다.

“당신은 신임장이 무엇인지 알기는 하오? 하기야 그런 것을 알려면 기본적인 법률 지식이나 국제법 상식이 있어야겠지. 보아 하니 아직 연륜이 부족해 보이기는 하는구먼.” 주르댕은 비아냥거리듯이 말했다. 상스러운 표현은 자제하고 있었으나 이후로도 욕설에 가까운 대화가 오고 갔다. 그러나 오랫동안 뱃사람이자 장사꾼으로 살아온 주르댕의 걸걸한 입심을 쿤이 어찌 당하랴? 쿤은 말문이 막히자 얼굴을 붉히며 화를 간신히 참았다. 그러다가 결국 분통을 터뜨리며 마지막 경고로 일갈했다.

“하여간 빨리 떠나시오. 만약 여기서 뭉그적거리며 몰래 원주민과 거래한다면 누구도 목숨을 보장 못 하오. 나는 한다면 반드시 하는 사람이오. 오늘 재수 좋은 줄 아시오.” 쿤은 씩씩거리며 자리를 떴다. 그의 말이 협박에 그치지 않으리라는 걸 눈치챈 주르댕은 재빨리 암본을 떠나 반텐으로 돌아왔다. 그리고 이를 갈며 영국이 힘이 없음을 한탄해 마지않았다. 분통이 터지기는 말싸움에서 밀린 쿤 쪽도 마찬가지였다. 이후 영국에 취한 조치에는 쿤의 사적인 감정도 담겨 있었으리라.

반텐으로 돌아온 주르댕은 반텐 지국의 조직 정비에 나섰다. 당시 낙하산이나 다름없는 주르댕의 임명에 반발한 기득권 인사들이 상식에 어긋날 정도의 어리석은 짓들을 벌이며 조직의 힘을 약화시키고 있었다. 근본적으로는 네덜란드에 맞설 함선 수가 절대적으로 부족했고 군사도 열세인지라 뾰족한 수가 없는 상태였다. 여하튼 조직 재정비를 마친 주르댕은 런던에 지원을 요청함과 동시에 불충분하지만 있는 자원을 최대한 활용하여 네덜란드에 대항할 방법 찾기에 골몰했다.

반다제도에서의 상황은 네덜란드가 훨씬 유리했다. 앞서도 언급했던 아이섬과 런섬이 남아 있었는데 아이섬은 네이라섬이나 론토르에서 당시의 돛배로 한 시간이면 도달할 거리였다. 배를 대기가 쉽지 않은 위험한 지형이었으나 언덕 기슭마다 빼곡히 들어선 육두구 나무에 노란 과실이 풍성하게 달리는 농장 같은 섬이었다. 영국은 일찍부터 이곳 주민들과 거래했다. 1609년, 네덜란드에 쫓기듯 헤매던 윌리엄 킬링William Keeling 선장이 아이섬에 간신히 배를 대어 운 좋게도 육두구를 가득 싣고 반텐으로 돌아갔다. 이후부터 영국 동인도회사 사람들이 수시로 들러 거래하고 있었다. 섬 주민들과의 관계로 볼 때 이들에게 머스킷 총과 대포도 공급했을 것으로 짐작되었다.

주르댕은 반다제도 진출 계획을 실행에 옮겼다. 조만간 네덜란드가 공격할지 모른다는 불안에 떨고 있던 아이섬과 런섬 주민들에게 편지를 보내 그들을 안심시켰다. 영국이 주민들의 사정을 잘 알고 있고 네덜란드가 얼마나 악질적인가도 잘 알고 있으니 조만간 대규모 선단과 군사를 보내 그들의 불공정한 처사를 막을 것이라는 내용이었다. 그러고는 소형 피니시Finnish정을 포함한 2척의 배에 조지 볼George Ball과 조지 코케인George Cokayne이라는 2명의 영업 사원을 선장으로 임명해 반다 지역으로 파견했다. 섬의 주민을 선무宣撫(어수선한 민심을 수습하고 안정시킴)하고 육두구 작황과 거래 조건, 현지 네덜란드 동인도회사의 활동 상황을 조사하는 것이 임무였다. 또한 현지에 영국인 주재원을 두는 방안도 검토하라고 지시했다. 이제까지 반다제도에는 영국인 고정 주재원이 없었다. 만약에 주재원을 둘 형편이 된다면 사업에 상당한 진전이 있을 것이었다.

그런데 공교롭게도 네덜란드 쪽에서 새로 부임한 헤라르트 레인스트Gerard Reynst 총독이 선단을 이끌고 반다제도에 도착했다는 좋지 않은 소식을 접했다. 무려 11척의 배와 1000여 명의 병사, 일본인 사무라이 용병 500명을 거느린 대규모 선단이었다. 아예 반다제도의 모든 섬을 확실히 접수할 요량으로 보였다.

주르댕의 명을 받은 2명의 영국 선장은 네이라항에 주저 없이 입항을 감행했다. 두 나라 동인도회사의 본부는 혹여나 마찰이 생긴다면 서로 손실을 볼 테니 대화로 갈등을 해소하려고 했지만 별다른 진전 없이 답보 상태였다. 그런 사정을 이해하고 있던 조지 선장은 미리 겁먹고 움츠러들 필요는 없다고 생각해 당당하게 예포를 쏘고 네이라에 입항했다. 그러나 본국 상황과는 별개로 현지에서는 주먹이 법보다 앞서는 터였다. 영국 배가 당

헤라르트 레인스트의 초상화. 오늘날 네덜란드 남서부에 위치한 도시 헤이그에는 그의 이름을 딴 거리가 있다.

당히 입항하여 자신과의 면담을 요청하자 레인스트 총독은 불같이 화를 냈다. "영국 놈들이라고? 그 도둑놈들이 여기가 어디라고 들어와! 뻔뻔한 놈들, 어디 낯짝이나 한번 보자."

레인스트 총독은 조지 선장 앞에서 욕을 퍼부어 대며 말했다. "당신들은 당신네 나라 왕인 제임스 1세가 '반다제도의 모든 권한은 네덜란드에 있다'고 선언한 사실을 알기는 하는가?"

"처음 듣는 얘기인데요?" 선장이 대답했다. "이런 무식한 친구를 보았나? 좌우간 당신들하고 볼일이 없으니 당장 꺼지라고!

얼쩡댔다가는 당신들 목숨을 보장 못 해." 총독이 말했다.

심기가 사나워진 조지 선장은 거래가 불가능함을 단박에 알아챘다. 그때 공교롭게도 네이라섬과 붙어 있는 구눙아피섬의 화산이 분출하기 시작했다. 조지는 부랴부랴 네이라를 떠나 아이섬으로 돌아갔다. 네이라와 론토르섬은 화산에서 날아든 돌과 분진으로 순식간에 아수라장이 되었다.

아이섬은 네이라섬에서 8킬로미터 정도 떨어진 거리에 있다. 레인스트 총독이 언제 마음을 바꿔 쫓아와 해코지할지 모르는 상황이라 2척의 배는 전속력으로 달렸다. 그들이 아이섬에 상륙하자 주민들은 대대적으로 환영했다. 아이섬 주민들은 네덜란드인들이 네이라 사람들을 얼마나 처참하게 살해했는지 알고 있었다. 언제 자신들도 공격당할지 몰라 불안해했다. 당시 네이라에서 도망쳐 온 사람도 상당수 있었다. 당연히 영국에 기댈 수밖에 없었을 것이다.

조지 선장은 그들이 원하는 바에 따라 거래 협정을 완료하고 몇 명의 주재원과 영업부 직원들을 남겨 놓았다. 이로써 영국이 반다 지역에 영구적 상관을 세운 것이다. 영국 주재원들은 네이라에 있는 네덜란드군이 아이섬을 쉽게 공략하지는 못할 것으로 생각했다. 구눙아피 화산이 계속 폭발하고 있었기 때문이었다. 그러나 정작 레인스트 총독은 아이섬을 그대로 내버려둘 생각이 없었다. 그리고 마침내 결정을 내렸다.

아이섬 전투와 네덜란드의 패퇴

네이라섬의 상황은 악화일로에 있었다. 구능아피 화산에서 쉴 새 없이 뿜어져 나오는 돌덩이와 화산재, 폭발음으로 병사들이 우왕좌왕하고 있었다. 1500명에 이르는 병사가 주둔한 병영이 언제 화산재로 뒤덮일지 모를 일이었다. 레인스트는 고민했다. 모든 병사를 암본으로 철수하는 게 가장 나은 방법이기는 했다. 그러나 아예 아이섬을 공략해 그곳으로 병영을 옮기는 방법도 있었다. 어차피 조만간 그럴 생각이기도 했다. 영국이 그곳에 주재원을 두고 있지만 그게 무슨 대수인가. 영국은 어차피 말루쿠 지역에서 내쫓아야 할 불쾌한 걸림돌이었다. 이제 해야 할 일은 분명하게 정해졌다. 레인스트는 명령을 내렸다. 그러나 레인스트와 병사들은 아이섬의 지형에 대해 아는 것이 너무 없었다.

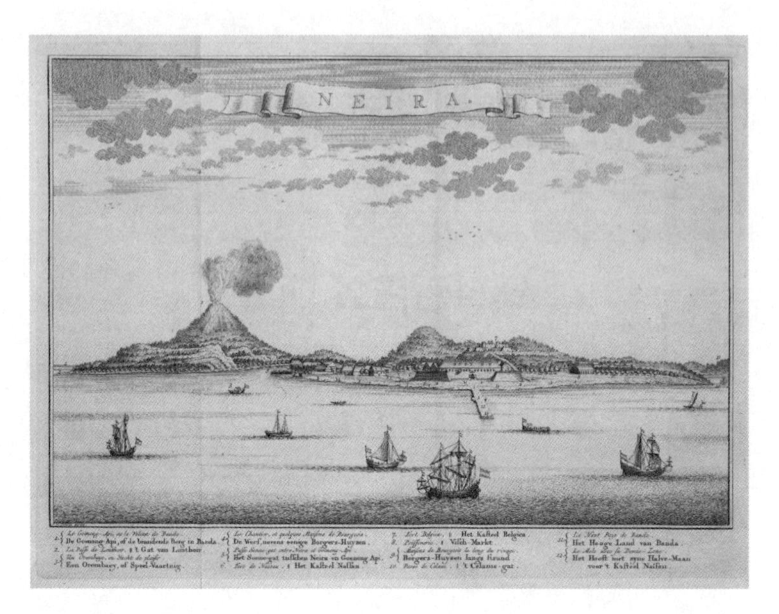

18세기 중반에 그려진 반다제도 네이라섬의 모습. 네이라섬 옆에 연기를 내뿜고 있는 구눙아피섬의 화산이 보인다.

반다제도의 섬들은 모두 화산섬인 관계로 지형이 거칠었다. 바다에서 불쑥 튀어 오른 바위섬이었고 오랜 세월 풍랑과 파도에 깎인 해안은 대부분 절벽이었다. 배를 안전하게 대고 섬에 상륙할 수 있는 지점이 극히 제한적인데 레인스트 총독은 여기에 관한 정보가 없었다. 더욱이 갑작스러운 화산 분출로 인해 급하게 내린 결정이라 준비할 시간도 부족했다. 단 한 군데 지점만을 알고 있었는데 그나마 닻을 내린 후 다시 들어 올릴 수 있을지도 불확실한 지경이었다. 레인스트는 자만했다. 손바닥만 한 섬을 공략하는 데 이런저런 것을 따질 필요가 없다고 생각했을 것이다. 아이와 여자를 포함해 전체 주민 수가 2000~3000명 수준인 섬을 공략하는 데 1500명에 이르는 군사면 무리일 리 없었다.

1615년 5월, 드디어 공격을 개시했다. 압도적인 군사력으로 쳐들어간 네덜란드군은 당황했다. 별 저항이 없을 것으로 생각했는데 머스킷 총탄이 쏟아진 것이다. 네이라, 론토르와는 사뭇 달랐다. 아이섬 주민들은 완강히 저항했다. 사격 솜씨 또한 정확해 접근이 어려웠다. 오합지졸로 여겼던 주민들은 잘 훈련받은 군사처럼 조직적이었다. '영국 놈'들이 훈련시켰음에 틀림없었다. 레인스트의 군대는 공격을 멈추지 않았다. 늦은 밤까지 공세를 퍼부어 외딴곳 요새 하나만을 남겨 놓고 섬 전체를 점령했다. 대세는 결정 난 것이나 다름없었다. 그들은 내일을 위해 잠자리에 들었다. 그런데 새벽녘에 주민들이 역습을 가해 왔다. 병사들은 어둠 속에서 허둥대며 도망치는 수밖에 없었다. 그곳 지리를 알 리 없는 병사들은 갈팡질팡하다가 목숨을 잃었다. 아수라장이 따로 없었다. 기록에 따르면 37명이 목숨을 잃었고 200명이 부상을 당했다. 간신히 네이라로 철수한 레인스트는 기가 막혔다. 그는 결국 굴욕을 감내하지 못하고 얼마 후 화병으로 사망했다고 전해진다.

영국은 물론 스페인과 포르투갈도 그동안 힘으로는 어쩌지 못했던 동인도 지역의 패자覇者 네덜란드의 총독, 일개 선단의 함장이나 제독이 아닌 막강한 권력을 가진 최고 책임자였던 레인스트가 사망했다. 압도적 우위의 군사력을 가지고도 고작 머스킷 총 수백 정과 재래식 칼로 무장한 주민들에게 패해 허겁지겁 도망쳤으니 그 수치를 어찌 감내하랴?

"설마가 사람 잡는다"라는 말이 이처럼 잘 들어맞는 사례가 또 있을까 싶다. 사건이 있은 후 네덜란드 동인도회사의 실세인 얀 쿤은 암스테르담 본사에 편지를 보냈다. 영국이 배후에 있다고 주장하면서 구절구절마다 증오심을 내비쳤다. 특히 영국의 동인도회사가 그들의 왕을 믿고 언감생심 건방을 떤다고 지적했다. 이는 네덜란드 동인도회사의 암스테르담 본부가 영국 측과 평화 협정을 맺으려는 시도에 반대하고 있음을 암시한다. 쿤은 또 다른 편지에서 영국을 동인도 지역에서 완벽히 몰아낼 수 있도록 지원해 달라고 요청했다. 네덜란드 동인도회사 본사의 최고 의사 결정 기구인 17인 위원회는 그의 의견을 받아들여 얀 디르크스존 람Jan Dirkszoon Lam 제독을 1616년 봄에 반다제도로 급파했다. 그가 특별히 받은 명령은 "아이섬을 정복하라"였다.

주르댕의 개입과 얀 쿤의 경고

아이섬 주민들은 네덜란드군을 물러나게 했지만 여전히 불안했다. 조만간 복수하러 올 게 뻔한데 무슨 수로 그들을 막을까? 도망갈 곳도 없었다. 이웃에 런섬이 있지만 아이섬보다 작은 손바닥만 한 섬이다. 기댈 곳이라고는 영국밖에 없었다. 그들이 총도 주고 방어법을 알려 주면서 의지를 심어 주었다. 강렬한 의지야말로 절대 열세인 상황에서도 결연히 전투에 나서게 만든 원동력이었다.

아이섬 주민들은 암스테르담에서 보낸 병력이 암본에 와 있다는 소식을 들었다. 조만간 이들은 네이라로 이동해 아이섬을 공략할 것이었다. 그들은 런섬으로 피신했다가 돌아온 영국 주재원들에게 매달렸다. "당신들이 도와주지 않으면 우린 다 죽어

요. 내가 직접 반텐으로 가서 주르댕을 만나야겠어요. 나를 좀 데려다줘요." 오랑카야 대표는 필사적이었다. 이들로부터 도움이 절실하다는 편지를 받은 바 있는 주르댕은 사정을 너무나 잘 이해하고 있었기에 무슨 조치든 취해야 했다. 런던에도 도움을 요청했지만 언제 선단이 도착할지 알 수 없었다.

한편 암본의 쿤은 반다해에 비상을 걸어 놓고 겁을 잔뜩 주는 경고장을 날렸다. "어떤 영국 배도 반다제도에 들어올 수 없다. 만약 나의 경고를 무시하고 반다에 진입하는 영국 배가 있다면 인명 피해가 나더라도 책임지지 않을 것이다."

주르댕은 몇 척의 배로 함대를 꾸려 반다로 출정하려고 했다가 쿤의 경고를 듣고 난감해하지 않을 수 없었다. "망할 녀석!" 곧바로 욕설을 튀어나왔다. 쿤은 독종이라 무슨 짓을 할지 몰랐다. 그의 경고가 단지 위협만은 아니라는 것을 주르댕은 잘 알고 있었다. 전전긍긍하는 그때 런던에서 새뮤얼 캐슬턴Samuel Castleton이 지휘하는 함선 2척이 지원을 위해 반텐에 도착했다. 주르댕은 용기백배했고 반텐의 배 3척을 캐슬턴 선단에 합류시켜 아이섬으로 보냈다. 캐슬턴의 함선 2척은 훌륭한 무기 체계를 갖추고 있었고 병사 수도 네덜란드에 절대 밀리지 않았다.

그런데 전혀 예상하지 못한 상황이 벌어졌다. 캐슬턴 함대가 전투를 포기했다는 소식을 접한 것이다. 가일스 밀턴은 저서 《향료전쟁》에서 캐슬턴이 적장 람 제독을 만나 보고 나서 전투를 포기했다고 서술하고 있다. 과거에 캐슬턴이 대서양에서 포르투갈과 전투를 벌이고 있었을 때 네덜란드의 람 선단에 신세를 진 일이 있었다는 것이다. 그렇다면 보은 차원에서 전투를 포기했다는 말인데 상식적으로 받아들이기 어렵다. 아마도 겁이 나서 꼬리를 내렸거나, 전쟁 명분이 충분치 않다고 생각했거나, 아니면 속된 말로 멍청해서 그랬을지도 모른다. 어쨌든 캐슬턴은 전투를 피하고 떠나 버렸다.

아이섬 주민들은 좌절했지만 그대로 섬을 넘겨주고 항복할 수는 없었다. 최선을 다해 싸웠지만 결과는 뻔했다. 턱도 없이 부족한 전력 때문에 결국 항복했다. 탄약이 동이 나서 더는 싸울 수 없었다. 그런데 네덜란드가 섬을 장악하고 나서 주민들을 학살했다는 이야기는 없다. 실제 학살이 없었는지 아니면 기록되지 않은 것인지 모르지만 사실이라면 불행 중 다행이 아닐 수 없다.

다만 이후 쿤은 지휘하는 모든 전투에서 대량 학살을 자행한다. 람 제독이 섬을 점령하고 주민들과 육두구 거래 독점 계약을 맺으며 완벽한 통제하에 두었음은 물론이다. 게다가 다른 섬에 비해 터무니없이 불공정하게 계약을 체결했다. 람 제독은 즉각적으로 아이섬에 방어 요새를 지었는데 이 요새는 지금까지도 남아 주요 관광지가 되고 있다. 동인도회사 로고가 선명히 드러난 정오각형의 견고한 성으로 리벤지 요새Fort Revenge로 불린다. 아마도 살해당한 레인스트 총독에 대한 네덜란드의 복수를 상징한 것이리라. 오늘날 유튜브 영상에서 리벤지 요새의 모습을 찾아볼 수 있다. 인도네시아의 '미니어처 펜타곤(미국 버지니아 알링턴에 위치한 미국 국방부 본청)'이라고 할 만큼 고색창연한 정오각형의 성곽이다.

영국은 반다제도의 중요한 기지 하나를 잃었다. 이제는 네덜란드에 복속되어 있지 않은 곳은 손톱만 한 런섬뿐이었다. 아이섬의 주재원으로 근무하고 있던 리처드 헌트는 런섬으로 피신했다가 반텐으로 돌아왔다. 네덜란드 측은 현상금까지 걸어 그를 추적했다.

영국도 사태의 심각성을 인지했다. 동인도의 향신료는 상당한 이익이 보장되는 사업이었다. 이런 상태라면 네덜란드에 모든 것을 내주고 철수해야 할 판이었다. 그나마 주르댕이 주재한 반텐 쪽은 향신료 중개로 근근이 버티고 있었다. 비록 네덜란드 동인도회사로부터 이리 치이고 저리 치이면서 괴롭힘을 당하고 있었지만. 네덜란드 총책인 쿤은 호시탐탐 지켜보며 영국을 동인도 지역에서 몰아내려는 시도를 멈추지 않았다.

5장

피로 물든 향신료 제도, 승자는 누구인가

너새니얼 코트호프의 런섬 사수

우리는 지금껏 향신료 이야기를 하며 수많은 모험가를 만나 보았다. 이들은 대부분 향신료가 존재한다고 알려진 머나먼 곳을 찾아 나선 사람들이다. 그곳은 바다 저편 어디쯤에 있어 배를 타야만 도달할 수 있는 곳이었다. 너무 멀어서 며칠 또는 달포 정도의 항해로는 어림도 없었다. 몇 달 혹은 몇 년이 걸릴지 몰랐다. 가는 도중에 무슨 일이 벌어질지 전혀 알 수 없는 위험한 길이었다. 높은 파도를 견디며 항해해야 할 범선과 또 그 배를 움직일 기술과 기능을 가진 항해사, 선원들이 있어야 했다. 적어도 3년은 바다 위에서 견딜 식량과 외부 공격에 대처할 대포 등 무기 체계가 갖춰져야 했다. 강인한 체력과 정신력 없이는 갈 수 없는 길이다.

15세기 말부터 시작된 이러한 도전은 '대항해'란 말로 표현되는데 그로부터 수백 년에 걸쳐 이어졌다. 많은 사람이 폭풍우에 휩쓸려 수장되었고, 먹을 것이 떨어져 굶어 죽었고, 괴혈병과 이질 등에 걸려 죽었다. 풍토병, 말라리아와 같은 열병도 있었다. 마침내 미지의 육지에 닿았다가 그곳 원주민들에게 살해되기도 했다. 언어와 문화가 다르다 보니 소통이 안 되어 오해가 생기면 곧바로 위험에 빠졌다. 북방 항로를 개척하겠다고 북극으로 향한 사람들은 얼음에 갇혀 죽었다. 돌아오지 않은 선단도 부지기수였다. 그러나 이는 15세기 이후 유럽인들에 국한된 이야기다. 그 이전에도 향신료를 꿈꾸던 이가 많았다. 이슬람, 페르시아, 고대 로마인, 중국인, 인도인들은 여기에 등장하지도 않는다.

유럽인들이 대항해에 나서기 전에도 이들은 오래전에 향신료를 찾아 유럽 등지로 가져왔다. 수 세기가 지난 후에야 유럽의 탐험가들이 직접 나선 것이다. 모험은 크리스토퍼 콜럼버스, 바스쿠 다가마, 페르디난드 마젤란 같은 인물들을 낳았다. 이 책에도 무수한 모험가가 등장한다. 포르투갈의 아폰수 드 알부케르크, 영국의 제임스 랭커스터와 미들턴가 삼형제인 존·헨리·데이비드, 존 주르댕, 헨리 허드슨, 그리고 네덜란드의 얀 쿤 등이 그 주인공이다. 지금부터 이야기하려는 사람은 너새니얼 코트호프Nathaniel Courthope다.

영국 작가 가일스 밀턴은 21세기에 들어와서 세계의 시선을 끄는 책을 한 권 썼다. 15세기에서 17~18세기 인도네시아의 동

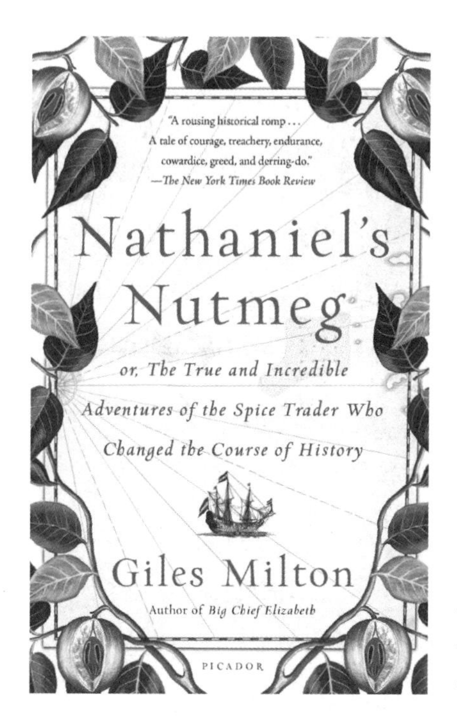

미국에서 출간된 《너새니얼의 육두구》의 표지 그림. 이 책은 향신료 무역을 둘러싼 유럽 여러 나라의 다툼을 충실하게 그리고 있다.

인도제도에서 일어났던 향료 전쟁을 소재로 한 글인데 역사적인 사실들을 찾아 정리했다. 당시 오갔던 편지와 서류 등을 꼼꼼히 살펴 얼기설기한 이야기를 비교적 연대에 맞게 재구성한 것이다. 이 책의 향신료 이야기도 그가 설정한 기본 프레임을 차용하고 여기에 다른 자료와 정보를 더해 재구성했다. 그 책의 원제는 《너새니얼의 육두구Nathaniel's Nutmeg》다. 우리나라에서는 이를 《향료전쟁》이라는 제목으로 번역 출간했다. 아무래도 너새니얼이라는 인물이나 육두구라는 향신료가 국내 독자들에게 낯설다 보니 의역한 듯싶다.

너새니얼은 영국 동인도회사의 영업 담당 사원인 너새니얼 코트호프를 말한다. 가일스 밀턴은 왜 그의 이름을 책 제목으로 썼을까? 실제 책을 읽어 보면 코트호프 관련 내용은 많지 않다. 다만 그의 사람됨과 포기를 모르는 의협심, 그리고 애국심은 충분히 감동적이다. 그의 투쟁과 죽음은 오늘날 미국의 중심지 뉴욕의 맨해튼을 태동케 했다. 그의 행적이 인도네시아 반다해를 넘어 뉴욕의 시공간에 이른 것이다. 한편 그를 죽인 네덜란드인 얀 쿤의 영혼은 인도네시아 말루쿠와 자바해 상공을 음울하게 떠돌고 있다. 이제 그 이야기를 해 보자.

1616년 10월, 반텐에 있는 영국 동인도회사의 수석 영업 담당 존 주르댕은 너새니얼 코트호프를 지휘관으로 임명하고 스완Swan호와 디펜스Defence호, 2척의 배를 반다의 런섬으로 보냈다. 런섬은 말루쿠와 반다해에서 네덜란드 동인도회사의 독점 체계에서 벗어나 있는 유일한 섬이었다. 얼마 전에 런섬에서 7킬로미터 떨어져 있는 아이섬이 네덜란드의 수중에 들어간 후 유일하게 남은 희망이었다. 반다제도에서 제일 작은 섬으로 웬만한 지도에 표기할 수 없을 정도지만 섬 전체가 육두구 나무로 뒤덮여 있어 생산량이 만만치 않았다. 영국 동인도회사는 반다해의 마지막 보루인 런섬을 사수하기로 뜻을 모았다.

영국을 상징하는 깃발 유니언잭Union Jack과 가로의 붉은 줄이 걸린 영국 동인도회사 깃발을 게양한 2척의 배가 런섬에 다가갔다. 코트호프는 소중히 간직했던 예복을 꺼냈다. 머리와 수염을

단정히 고르고 흰 셔츠의 깃을 세웠다. 지휘관을 상징하는 버클과 허리, 어깨의 벨트도 제자리에 꼼꼼히 부착했다. 흰색 양말과 각반, 허리에 차는 군도軍刀도 제대로 갖추었다. 코트호프는 이 작은 섬 주민들에게 영국 제임스 왕의 사절로서 최대한 예의를 갖추려는 것이었다. 코트호프는 31세의 약관이지만 1609년에 공채로 동인도회사에 입사한 이래 반텐에 와서 6년을 보낸 경륜이 있었다. 그동안 그는 갖은 풍상을 겪었다. 헨리 미들턴 선단에 합류해 예멘의 아덴에 들렀다가 오스만 튀르크군에 체포되어 감옥에 갇혀 죽을 고생을 했다. 가까스로 풀려나 반텐에 왔는데 지휘관

런섬의 아름다운 전경. 역사적으로 최초의 영국령이 되었던 이 섬은 오늘날 반다제도에서 가장 인기 많은 관광지 중 한 곳이 되었다.

인 헨리 미들턴 경을 위시하여 많은 동료가 전염병에 걸려 사망했다. 소수만이 구사일생으로 살아났는데 코트호프가 그중 하나였다.

오랫동안 코트호프를 보아 온 반텐의 수석 영업 담당 주르댕은 그에게 무한한 신뢰를 가지고 있었다. 런섬 사수의 중책을 맡기기에 그만한 인물이 없다고 생각했다. 코트호프 자신도 런섬을 지키는 일이 회사는 물론 영국에 어떤 의미인지 잘 알고 있었다. 미리 연락을 받은 런섬의 오랑카야와 주민들은 그를 진심으로 반겼다. 이들은 이웃한 아이섬의 참상을 알기에 불안한 나날을 보내고 있었다. 네덜란드의 소형 배가 섬 주위를 배회할 때면 숨이 막힐 지경이었다.

사령관인 코트호프와 병사 39명이 스완호에 모이고 섬의 원로 오랑카야 몇 명도 그곳에 올랐다. 근엄한 분위기를 풍기는 코트호프와 오랑카야들이 마주 앉았다. 먼저 오랑카야들이 자신들의 비참한 사정을 토로했다. 그리고 네덜란드에 대한 증오심을 이구동성으로 표출했다. 런섬에는 아이섬에서 네덜란드군과 싸우다가 피신한 전사들도 많았다. "우리는 목숨을 버릴 각오가 되어 있습니다. 그들 중 단 한 명이라도 죽일 수 있다면 나는 결코 패배자가 아닙니다. 우리는 죽음이 두렵지 않습니다." 그들의 복수심은 하늘을 찔렀다. 런섬은 작은 화산섬이어서 농사를 지을 땅이 부족했다. 식량 자급자족은 어림도 없었고 가장 큰 문제는 식수였다. 지하수가 나지 않아 마실 물은 빗물뿐이었다. 그래서 이웃한 아이섬이나 좀 더 멀리 있는 네이라와 론토르에서 물을 길어 왔다.

“그러면 우리 영국이 당신들을 위해 해 줄 수 있는 일이 무엇이오?” 그들의 사정을 경청한 후 코트호프가 말했다. “그거야 물론, 우리를 네덜란드 악마로부터 지켜 주는 것이지요. 그러면 우리가 생산하는 육두구는 영국하고만 거래할 것입니다.” 호랑카야가 말했다.

“그래요. 그런데 문제가 있습니다. 우리 영국이 그들과 목숨을 걸고 싸워야 할 이유가 필요하오. 육두구 독점 계약만으로는 부족합니다. 사업은 사업으로 끝나는 것이오. 거기에 목숨을 걸 바보가 어디 있겠소?” 그들도 코트호프의 말에 반박할 수가 없었다.

“방법은 있소만 당신들이 오해할까 봐 걱정이오.” 그들이 난감해할 때 코트호프가 말했다. “그 방법이 무엇입니까? 오해라니? 당치도 않은 말입니다. 말씀만 하십시오.” 오랑카야들은 방법이 있다는 말에 귀가 번쩍 뜨였다.

“그 방법은 당신들 모두가 우리 영국 국왕의 신민臣民이 되는 것이오. 이 섬을 영국 국왕에게 이양하고 당신들은 우리 국왕 폐하의 신하가 되는 것 말이오. 그러면 국왕 폐하는 당신들을 적들로부터 지키려고 싸울 것이오.” 코트호프가 단호하게 말했다.

논리적으로 틀린 말은 아니다. 향신료 하나 때문에 목숨을 걸기는 어렵다. 그러나 그들이 영국의 신민이 된다면 이야기가 달라진다. 영국의 왕이 위험에 처한 자기 신민을 모른 체하겠는가? 이윽고 런섬 주민들은 복종의 뜻을 담은 내용을 작성했다. 그리고 "신의 은총으로 잉글랜드, 스코틀랜드, 프랑스, 아일랜드의 왕인 제임스 폐하는 또다시 신의 자비로 플로웨이(아이섬), 플로린(런섬)의 왕이 되었도다"라고 적힌 문서를 낭독했다.

해가 지지 않는 나라의 시작

역사적으로 런섬은 유럽 이외 지역에서 최초의 영국령이 된 땅이다. '대영 제국'은 200년 후의 이야기지만 여기 동인도 반다해의 좁쌀만 한 섬이 그 출발점이 된 것이다. 그리하여 영국인들과 런섬 주민 모두 축포를 쏘고 섬 중앙에 영국 국기인 유니언잭을 높이 게양하며 역사적인 순간을 기념했다.

코트호프는 즉시 적들이 있는 동쪽 방면에 섬을 방어할 요새 건설에 착수했다. 섬 주위 곳곳에 방어 진지를 구축하고 포를 배치했다. 지리적으로 난공불락의 여건을 갖춘 섬이라 방어에 유리했다. 절벽에는 상대적으로 느슨한 방어 시설을 구축했고 침투가 쉬운 완만한 지역에는 방어 요새를 촘촘히 건설하고 포를 집중적으로 배치했다.

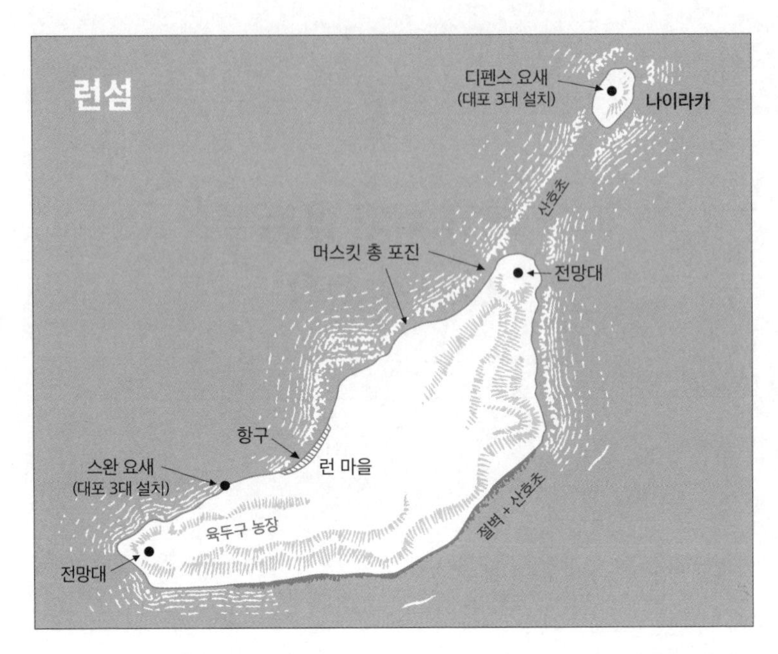

런섬을 사수하기 위해 너새니얼 코트호프와 영국군이 얼마나 치밀하게 방어 진지를 구축했는지 알 수 있다.

한편 네이라의 네덜란드 요새에서는 계속 소형 선박을 보내어 런섬의 영국군 동정을 살피면서 기회를 엿봤다. 간헐적인 충돌도 있었다. 처음에는 대수롭지 않게 여기던 네덜란드 측은 몇 차례 충돌을 통해 경험한 영국군의 전투 의지와 능력을 결코 얕볼 수 없다는 것을 깨달았다. 그렇게 코트호프 군대는 상당 기간을 버티며 섬을 사수했는데 문제는 내부에서 일어났다. 부족한 식량과 식수 부족으로 병사와 선원들이 힘들어하던 차에 론토르섬 주민들이 영국군에 보호를 요청하는 사건이 생겼다. 그 섬의 오랑카야들이 네덜란드의 핍박에 항거하기 위해 회의를 열고 대책을 강구하다가 영국에 보호를 요청하자는 결론에 이른 것이다. 그러나 정작 런섬의 코트호프는 악전고투하면서 하루하루를 견디고 있었으니 난감한 일이었다. 론토르섬뿐 아니라 반다섬에서 동쪽으로 6킬로미터 떨어진 하타섬Hatta도 원주민 회의를 열고 영국에 보호를 요청하기로 했다.

어느 날 스완호 선장인 존 데이비스와 선원들이 세람섬으로 가서 식량과 식수를 구해 오겠다고 했다. 코트호프는 네덜란드의 공격을 우려해 이를 허락하지 않았다. 런섬의 병사들은 실상 영국 정부가 체계적으로 훈련시킨 정규 군인이 아니었다. 동인도회사에 공채로 들어온 사원들로 영업 담당은 상인들이었다. 물론 회사가 그들을 채용할 때 항해 이력과 전투 경험을 보기는 하지만 애국심이나 왕에 대한 충성심, 조직과 상관에 대한 충성심은 정규군과 비교가 안 됐다. 처음에는 반대했다가 그들의 요구가 너무 강하자 코트호프는 결국 청을 들어주었다. 다만, 론토르섬과 하타섬에 들러 그들로부터 영국에 복종하겠다는 문서를 받아 오고 상관 건설과 세인트 조지 깃발(빨간 십자가가 그려진 잉글랜드 국기) 게양을 지시했다.

그리하여 세람섬으로 간 스완호가 식수 등을 싣고 돌아오다가 우려한 대로 네덜란드 선박과 마주쳤다. 사실 이 배는 스완호가 런섬을 떠날 때부터 추적하며 기회를 엿보고 있었다. 화기도 제대로 갖추지 않았을 뿐 아니라 제대로 먹지 못해 지친 선원들이 잘 조직되고 준비된 네덜란드 병사들을 어찌 당할 수가 있었으랴. 쇠갈퀴를 던져 영국 배로 올라온 네덜란드 병사들과 육탄전을 벌이며 항거했으나 곧 제압당했다.

이날의 일에 대해 존 데이비스 선장은 다음과 같이 기록했다. "그들은 우리 선원 다섯 명을 죽이고 세 명의 손발을 자르고 여덟 명에게 큰 상처를 입혔다. 우리 선원들은 잔인하게 죽거나 상처를 입고 붙잡혔다." 스완호는 철저히 약탈당하고 네이라로 끌려갔다. 3주가 지난 후에야 코트호프가 이 소식을 들었다. 코트호프는 대리인을 네이라의 네덜란드 사령부로 보냈다. 백기를 흔들며 억류 중인 선원들을 돌려달라고 요구했지만 받아들여질 리 없었다. 네덜란드 측은 영국에 항복을 요구했다.

억류 중인 영국인들은 쇠고랑을 차고 감옥에 수감된 상태였다. 향신료 독점 거래를 둘러싸고 양국은 철천지원수가 되었다. 영국은 선단을 꾸려 코트호프 구원군을 보내 네덜란드와 수차례 해전을 벌였다. 그러나 그때마다 영국은 패배의 고배를 마셨다. 영국 동인도회사는 그만 섬을 버리고 철수하라고 지시했지만 코트호프는 그대로 버텼다.

반텐 공방전

한편 네덜란드 동인도회사의 얀 쿤은 반텐으로 돌아와 있었다. 지난 십수 년간 영국 동인도회사와 치열한 경쟁을 벌였던 곳이다. 두 나라 간 대립은 상업적 경쟁을 넘어 감정적으로 격화되었고 수많은 사람이 목숨을 잃었다. 이뿐 아니라 반텐 술탄국이 개입하면서 안전까지 위협받았으며 원주민들의 집요한 저항도 계속되고 있었다. 한편 반텐의 열악한 위생 조건과 전염병은 수많은 서구인의 목숨을 앗아 갔다. 쿤은 반텐에서 동쪽으로 80여 킬로미터 떨어진 작은 항구 자야카르타Jayakarta(자카르타의 옛 이름)로 회사 본부를 옮길 계획을 세웠다. 그 이전인 1610년에 네덜란드 동인도회사는 자카르타의 칠리웅Ciliwung강 동쪽 둑 위에 목재 창고와 집 한 채를 지어 놓은 상태였다. 당시 반텐 술탄국과 대립

관계에 있는 자카르타 지역 왕국의 승인을 받았다. 그러나 통치자인 자야카르타 왕자는 영국에게도 상관을 허가해 주었다. 위치는 칠리웅강 서쪽 둑으로, 두 나라가 강을 사이에 두고 마주하게 했는데 이는 힘의 균형을 고려한 것이었다.

한편 런던의 영국 동인도회사 본부는 네덜란드가 동인도 전 지역을 유린하고 향신료를 독점하는 것에 대해 대책을 논의했다. 아마 반텐의 수석 존 주르댕이 귀국하여 동인도 상황을 자세히 브리핑했을 것이다. 그는 네덜란드가 얼마나 잔인하게 영국인을 살해하고 괴롭혀 왔는지 누구보다 잘 알고 있었다. 반다제도에서 너새니얼 코트호프가 얼마나 악전고투하고 있는지도 보고했을 것이다. 동인도회사의 경영진도 가만히 있을 상황이 아니라는 점을 직시하고 이를 타파할 강력한 선단을 보내기로 했다. 그러면 누구를 보낼 것인가? 그때 적절한 사람이 나타났다. 토머스 데일Thomas Dale 경이었다. 그는 북아메리카 영국 식민지인 버지니아에서 총독으로 재직하다가 최근에 귀국했다. 식민지에 번영을 가져다주는 출중한 능력으로 제임스 왕으로부터 작위를 부여받은 인사였다. 동인도회사는 면담을 거쳐 동인도제도 원정대의 최고 지휘관 자리를 제의했고 데일은 곧바로 수락했다. 존 주르댕도 새로이 동인도의 영국 대표로 임명되어 합류했다. 이렇게 또다시 악연인 얀 쿤과 대적할 운명에 처한 것이다. 이들의 임무는 자바섬에서 네덜란드를 몰아내고 동쪽 반다제도로 가서 코트호프와 그의 병사들을 구출하는 일이었다.

토머스 데일의 초상화. 북아메리카 식민지에서 행정가로서 뛰어난 활약을 펼친 그는 1618년 동인도회사의 함대를 이끌고 너새니얼 코트호프 구출 작전에 참여한다.

한편 런섬에서 2년을 버티고 있던 코트호프에게 반텐에서 편지 한 통이 도착했다. 토머스 데일 경이 보낸 편지였다. "코트호프 선장에게, 귀하가 조국의 명예와 회사의 이익을 위하여 그토록 애쓰고 있는 것에 대해 무한한 존경심을 보냅니다. 우리는 사악한 네덜란드를 동인도에서 몰아내고 말 것입니다." 늘 코트호프를 신뢰하고 후원했던 주르댕의 편지도 동봉되어 있었다. "우리는 반텐에서 네덜란드를 몰아낼 것입니다. 그리고 곧바로 반다로 갈 것이오. 신의 가호가 저 건방진 네덜란드를 물리치게 할 것입니다." 희망도 없이 근근이 목숨을 이어 가던 코트호프는 '오! 하나님, 저희를 버리지 않으셨군요' 하며 감격해 마지않았다.

토머스 데일은 본 선단과 반텐에 있는 선박을 모두 합해 무려 15척이나 되는 함대를 꾸리고 현지 술탄국의 협력도 보장받았다. 데일은 네덜란드를 압도하는 전력으로 반텐과 자카르타에 있는 네덜란드 기지를 완벽히 괴멸하려는 작전에 임했다. 네덜란드의 전력은 반다제도의 암본과 네이라섬, 그리고 말루쿠의 트르나테 등에 분산되어 있어 반텐과 자카르타에 있는 선박 수는 영국의 절반에도 못 미쳤다. 더욱이 네덜란드의 얀 쿤은 반텐 기지를 자카르타로 옮기는 중이었다. 토머스 데일은 영국의 선박 전력이 네덜란드를 훨씬 앞선 점을 이용해 해전을 벌였다. 자카르타 앞바다에서 11척의 영국 배와 7척의 네덜란드 배가 맞붙었다. 온종일 포격을 교환하며 치열하게 교전했으나 결과는 뻔했다. 토머스 데일은 얀 쿤에게 항복을 요구했다. 그러나 얀 쿤이 누구인가? 그는 코웃음을 치며 후일을 도모하기로 마음먹고 철수를 단행했다.

철수라기보다는 도망을 간 것이다. 동쪽 반다제도로 줄행랑을 쳤는데 여기서 이해할 수 없는 일이 벌어졌다. 데일은 기진해서 도망치는 얀 쿤을 붙잡아 처형했어야 했다. 그때 얀 쿤이 제거되었더라면 동인도의 역사는 지금처럼 흘러가지 않을 수도 있었다. 그러나 무슨 이유인지 데일은 그를 놓아주고 반텐의 네덜란드 기지를 파괴하는 것으로 만족했다. 일부는 얀 쿤의 뒤를 쫓다가 그들에게 패퇴한 뒤 커다란 치욕을 느끼고는 아예 선단을 서쪽 인도로 되돌려 버렸다.

역사 기록은 그가 되돌아간 이유를 그렇게 설명하지만 어딘가 이상하다. 무슨 미스터리가 있었는지 알 수 없다. 존 주르댕과 지휘권을 두고 힘겨루기를 하다가 밀려 철수했는지도 모르고 건강상의 문제가 있었는지도 모른다. 리더십을 잃고 실망하여 되돌아가고 싶었는지도 모르지만 어디까지나 상상일 뿐이다. 어쨌든 데일은 알 수 없는 이유로 안다만해를 건너 벵골만으로 철수했다. 그 과정에서 큰 희생을 치렀다. 무려 80명의 선원이 항해 도중 사망했다. 그리고 그 자신도 벵골만의 마실리파트남Masulipatam이란 항구 도시에서 심하게 앓아누웠고 얼마 후 사망했다. 누구보다 그의 죽음을 반긴 사람은 얀 쿤이었다. 또한 누구보다도 실망하고 절망한 사람은 런섬의 너새니얼 코트호프와 그의 병사들이었을 것이다. 이제 구원대는 없는 것인가? 그러나 존 주르댕에게는 아직 희망이 있었다.

쿤은 패장이었다. 영국에게 패하여 반다제도로 꽁무니가 빠져라 도망쳤으니 부끄러워하고 처벌을 감수해야 할 판이었는데, 그는 오히려 본부의 17인 위원회에 신랄한 항의 편지를 보냈다. "자, 여러분! 보십시오. 내가 그토록 여기 사정을 설명하며 지원을 요청했는데 당신들이 무시하고 지원을 게을리한 결과가 이것이오. 우리가 얼마나 많은 것을 잃었는지 아시오?"

반다로 돌아온 쿤은 자카르타에서 입은 손실을 복구하는 데 전념했다. 한편 존 주르댕은 말레이반도 동쪽 파타니Patani에 있는 영국 상관에 볼일이 있어 2척의 선박으로 출장을 떠났다. 파타니는 말레이반도 동해안에 있는 왕국으로 오늘날 태국의 영토로 남아 있다. 네덜란드 동인도회사가 1603년에 창고와 상관을 개설했고 영국 동인도회사도 1612년에 상관을 개설했다. 시암 왕국과 중국과의 교역에 허브 역할을 하는 중요한 지역이었다. 주르댕이 반텐과 반다에서 해결할 일을 남겨 놓고 왜 난데없이 파타니를 방문했을까? 7년 전에 그 자신이 구축한 영국 상관을 급히 재정비해야 했기에 모든 일을 제쳐 두고 먼 길을 달려간 것이다. 그런데 이를 눈치챈 얀 쿤이 3척의 배로 그를 추적했다. 그리하여 결국 전투가 벌어졌다.

주르댕의 죽음과 얀 쿤의 런섬 점령

주르댕 함대와 쿤 함대는 서로 대치하고 총포를 쏘아 댔다. 이윽고 주르댕은 별 의미 없는 전투라고 생각하고 협상에 나섰다. 전투를 종료하고자 휴전 깃발을 내걸고 네덜란드 선장과 대화를 하려고 갑판으로 나왔다. 그런데 그만 다른 쪽 배에서 발사한 머스킷 총탄에 맞고 말았다. 얼마 안 가 주르댕은 사망했다. 이는 대단히 큰 사건이었다. 주르댕이 누구인가? 영국 동인도회사의 최고 책임자다. 거물급 인사가 반텐도 아닌 곳에서 이들을 추적해 온 소함대에 의해 살해당했다. 네덜란드 쪽도 당황스럽기는 마찬가지였다. 휴전 깃발을 내세우고 협상을 하러 비무장으로 나온 최고위 인사를 저격한 것은 변명의 여지가 없었다.

"그것은 우리가 의도한 바가 아닙니다. 우연히 발사된 총에 운이 없게도 영국 대표님이 맞으셨습니다. 그것은 사고였습니다." 네덜란드는 사과하는 것으로 사건을 마무리 지었다. 주르댕은 47세의 나이로 생을 마감했는데 영국의 전통적 상인 집안에서 태어나 동인도회사에 입사하여 수많은 항해를 하면서 여러 지역에서 사업을 수행한 영업의 귀재였다. 얀 쿤이 그를 극도로 싫어했던 것은 그가 세계 여러 곳에서 쌓은 풍부한 연륜과 상업적 배짱에 대한 질시 때문이었는지도 모른다. 연전에 암본에서 그의 막힘없는 입담에 망신을 당했던 기억도 잊지 않았을 터였다. 그가 주르댕을 죽이라는 비밀 명령을 내렸다는 소문은 거짓이 아닐 수도 있다. 한편, 런섬에는 생사를 넘나들며 하루하루 견디던 너새니얼 코트호프가 있었다. 수적으로 100배가 넘는 적과 대치하면서 오로지 본국의 구조를 기다렸을 그가 주르댕의 죽음을 전해 들었을 때 얼마나 참담했을까.

코트호프는 정신적으로 의지했던 존 주르댕의 사망 소식에 무너져 내릴 듯한 절망감에 휩싸였다. 이제 남은 선택은 오로지 하나, 항복뿐이었다. 여태껏 버티며 저항했으므로 명예롭지 못한 일도 아니었다. 그러나 그 자신이 항복을 허락할 수 없었다. 국왕 제임스 1세에 대한 충성심, 회사에 대한 의무, 조국에 대한 애국심을 저버릴 수 없었고 무엇보다도 자신을 믿고 따르는 부하와 원주민에 대한 책무를 다하고자 했던 지도자적 품성 때문이었다. 그가 포기하면 원주민은 모두 죽을 운명이었다. 그들은 영양실조로 가죽만 남은 육신을 이끌고 요새를 점검하고 대포에 화약을 채우면서 네덜란드의 마지막 공격에 조용히 대비하고 있었다. 1620년 10월 어느 날, 코트호프는 론토르섬에서 주민들이 네덜란드에 항거해 폭동을 일으켰다는 소식을 들었다. 그리고 코트호프와 함께 네덜란드에 전면 공격을 하고 싶어 한다는 이야기도 들었다. 코트호프는 가만히 있을 때가 아니라고 판단하고 그들을 독려하기 위해 작은 쪽배를 타고 론토르섬으로 떠났다.

참모들이 극구 만류했지만 코트호프는 단호했다. 그런데 정보가 새어 나갔다. 런섬에 잡아 둔 네덜란드 포로가 그 사실을 네덜란드 진영에 알린 것이다. 이는 곧 얀 쿤에게 전해졌고 그는 여러 척의 배를 중무장시켜 항해 길목인 아이섬 근처에서 기다렸다. 마침내 코트호프 배를 발견하자 곧바로 공격했다. 억류나 체포 같은 상식적 행위는 고려하지 않았다. 쿤의 명령은 사살이었다. 한동안 서로 총격을 가하는 전투가 있었고 중과부적인 코트호프는 총탄을 맞고 바다로 떨어졌다. 코트호프는 반다해의 깊고 어두운 심연으로 자취도 없이 사라졌다. 그가 네덜란드에 의해 살해됐다는 소식이 반다제도에 알려졌다. 런섬의 부하들도 그 소식을 접했다. 네덜란드는 4척의 배를 동원해 런섬 공략에 나섰다. 영국군이 4년이 넘도록 버틴 것은 수장의 출중한 지도력 때문이었으나 이제 사정이 달라졌다. 코트호프 없는 영국군은 기력조차 모을 수 없는 형편이었다. 네덜란드군은 아무런 저항도 받지 않고 섬에 상륙했다. 너새니얼 코트호프와 그의 부하들 39명이 1616년 12월 런섬에 도착하여 버틴 지 1540일 만이었다.

얀 쿤의 군대는 섬을 초토화했다. 주민들을 동원해 영국 요새에서 대포를 끌어내어 바위에 내던지고 방어 시설을 치우도록 했다. 섬 전체의 모든 구축물은 돌무더기로 만들었다. 마을 중심에서 펄럭이던 영국 깃발도 갈가리 찢어 버렸다. 다시는 영국인들이 기웃거리는 것을 막으려는 조처였으리라. 특별 명령으로 런섬 주민 중 남자 성인은 모두 살해하고 여자와 아이들은 노예로 삼아 추방했다. 모든 육두구 나무는 뿌리째 뽑아 다시는 재생 불가능하게 만들었다. 대신 다른 섬에 식량으로 공급할 가축을 키우는 것만 허용했다. 필요 인력은 아주 먼 곳에 사는, 언어조차 다른 종족을 데려와 썼다. 이렇게 런섬의 운명은 끝난 듯 보였지만 역사의 아이러니랄까, 훗날 이 섬은 북미 뉴욕주의 맨해튼과 연결된다. 코트호프가 처음 도착해 영국령으로 만든 이 섬과, 네덜란드가 뉴암스테르담이라는 이름으로 경영하던 북미의 맨해튼을 서로 맞바꾼 것이다. 세계 정치, 경제, 문화의 중심지에 코트호트의 영령이 배회할지 누가 알았으랴.

유튜브에서 런섬을 검색하면 관광 사업가들의 영상들을 찾아볼 수 있다. 인도네시아어로 방송하는 사이트도 있고, 영어로 런섬을 소개하는 장면도 있다. 네이라섬이나 암본섬에서 모터보트를 타고 가면 된다. 런섬에서 점심 식사 일정도 보이는데 관광객에게 특별히 매력 있게 다가갈 포인트는 없는 것 같다. 런섬 주변 산호 밭에서 스노클링을 할 수 있다는데 그러려면 런섬에서 숙박을 해야 할 것 같다. 그러나 웬만한 숙소가 있을지는 모르겠다.

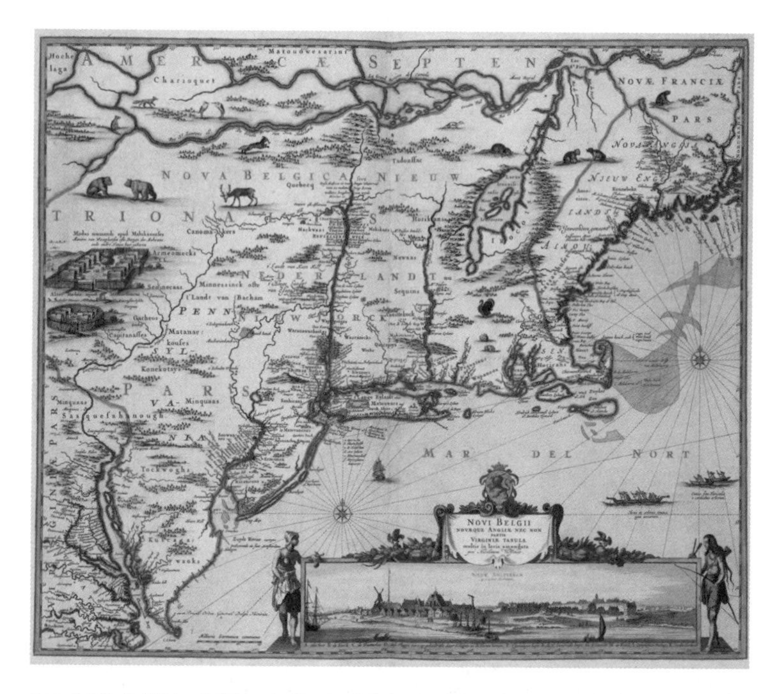

1684년에 제작된 뉴네덜란드의 지도. 뉴네덜란드는 미국 북동부에 위치했던 네덜란드 식민지로 지금의 코네티컷, 뉴욕, 뉴저지, 델라웨어 지역을 아우르고 있었다.

어느 미국인의 소개 영상에서는 육두구에 얽힌 역사와 너새니얼 코트호프를 언급한다. 인도네시아어 방송에서는 찾아볼 수 없는 내용이다. 인도네시아로서는 자랑스러울 게 없는 역사니 당연하다. 이웃한 아이섬을 소개하는 영상에서 미국 국방부 건물을 쏙 빼닮은 리벤지 요새가 나온다. 그러면서 오렌지처럼 생긴 열매가 주렁주렁 달린 육두구 나무를 보여 준다. 그러고는 시간에 쫓기듯 섬 몇 군데를 후딱 보여 주고는 떠난다. 런섬의 조악한 볼거리를 보고 난 사람에게 이곳에 얽힌 역사를 들려준다면 아마도 깜짝 놀랄 것이다. '아니, 네덜란드가 미쳤나? 이 쓸모없는 손바닥만 한 섬과 맨해튼을 바꿨다고?' 혀를 끌끌 찰 것이다. 또한 여기까지 읽은 독자들도 의문이 생길 것이다. 런섬은 이미 네덜란드 땅이 아닌가? 그런데 왜 이 섬을 받으려고 영국에 뉴암스테르담(맨해튼)을 건넨 걸까? 여기에는 다음과 같은 설명이 필요하다.

1652~1653년 사이 영국과 네덜란드 간 전쟁이 있었다(제1차 영국-네덜란드 전쟁). 이 전쟁이 끝나고 웨스트민스터에서 열린 종전 협정에서 네덜란드는 런섬을 영국에 양도했다. 너새니얼 코트호프가 그토록 처절하게 지키고자 했던 결과가 반영된 것이다. 이후 두 번째 전쟁이 있었고 이때 종전 협정인 브레다Breda 협정에서 맨해튼이 영국으로 넘어갔다. 영국은 그 대가로 동인도 반다제도의 작은 섬, 런섬을 네덜란드에 주었다. 아마도 영국은 속으로 이렇게 외쳤을 것이다. '옜다, 너 가져라. 까짓것.'

양국의 협약과 바타비아 성립

다시 동인도 역사에서 중요한 사건이었던 토머스 데일의 자카르타 침공 때로 돌아가 보자. 이 전투에서 네덜란드는 영국의 토머스 데일 경이 이끄는 함대에 혼쭐이 나서 암본으로 도망쳤다. 네덜란드의 수장이던 얀 쿤은 이를 갈았다. 성능이 더 좋았던 영국의 선박들이 그를 끝까지 추격했다면 아마도 거기서 끝났을지 모른다. 그러나 함대를 이끌고 인도로 되돌아간 데일은 그곳에서 병으로 사망했다. 아메리카 식민지 버지니아의 총독으로 공을 세워 기사 작위까지 받은 그가 허무하게 죽고 만 것이다.

암본으로 돌아온 얀 쿤은 병사들을 훈련시키고 전력을 가다듬는 데 전념했다. 그러다가 토머스 데일의 사망 소식을 듣고 깜짝 놀랐다. 그리고 눈엣가시였던 영국 동인도회사의 반텐 수석 존 주르댕이 말레이반도 동해안에 있는 파타니로 떠난다는 소식을 들었다. 그 후의 이야기는 앞서 설명한 대로다. 주르댕을 추격해 죽이라는 명령을 내린 뒤 자신은 암본의 병력을 이끌고 자카르타로 출발했다. 그는 영국과 동맹을 맺은 자야위카르타 Jayawikarta 왕자를 타파하고 그곳에서 영국을 완벽히 몰아내려고 했다.

한편 반텐의 술탄국은 영국과 긴장 관계에 있었는데, 적의 적은 친구라는 말처럼 네덜란드와 협약을 맺고 있었다. 이들은 네덜란드가 반텐에서 철수해 자카르타로 간다는 계획을 반겼다. 한편 자카르타의 자야위카르타를 압박하기 위해 소환장을 보냈다. 자세한 내용은 알 수 없지만 항복하고 반텐으로 오라는 내용으로 짐작된다.

1619년 5월 말, 쿤은 암본에서 데려온 1000여 명의 군사로 자야위카르타 왕자의 군대를 괴멸시켰다. 3000여 명에 이르는 그곳 원주민을 제압하는 데 걸린 시간은 겨우 반나절이었다. 쿤의 군대는 요새를 파괴하고 모든 건물을 불태웠으며 모든 사람을 지역에서 내쫓았다. 항구에 정박한 영국 선박은 물론 동인도 모든 바다에 떠 있는 영국 선박을 수장시키라는 명령을 내리려던 순간, 전령이 깜짝 놀랄 만한 소식을 전했다. 본국이 영국과 방위 조약을 체결했으니 즉시 이를 따르라는 명령이었다.

영국과 네덜란드 두 나라는 파국으로 치닫는 동인도 지역 문제를 논의하고 해결책을 도모하고자 서로 만났다. 논쟁 끝에 양쪽은 그동안의 원한과 손실은 잊고 서로 용서하자는 결론에 도달하고 협약을 맺었다. 그중 가장 중요한 내용이 동인도 향신료 무역에서 영국이 3분의 1의 권리를 갖는다는 조항이었다. 그 대가로 공동의 경쟁자인 포르투갈과 스페인에 대해 함께 방어 의무를 가지기로 했다. 그 사실을 안 얀 쿤은 화가 나서 복장이 터질 지경이었다. 즉시 암스테르담에 편지를 써서 보냈다. "영국은 말루쿠, 암본, 반다에 거점다운 거점이 없습니다. 전부 우리 것입니다. 그런데 3분의 1이라니요?" 쿤이 그토록 악착같이 싸워 확보한 모든 것을 교활한 영국에 눈 멀쩡히 뜨고 빼앗긴 기분이었다. 쿤이 취해야 할 행동은 둘 중 하나였다. 협약을 따르느냐, 아니면 무시하고 독자적으로 가느냐. 여태껏 얀 쿤의 행동으로 본다면 그가 영국 배를 내버려둘 리 없었다. 그러나 대놓고 국가 간, 또는 회사 간 협약을 어길 수는 없었다. 결국 쿤은 영국이 수락할 수 없는 조건을 빌미로 독자적인 행동에 나섰다. 결국 협약은 있으나 마나 한 존재가 되었다.

다시 자카르타로 돌아가 보자. 자카르타에서 그토록 거세게 항쟁했던 자야위카르타 왕자는 반텐 내륙에 있는 타나라Tanara로 도망갔다. 그리고 거기에서 죽었다고 한다. 반텐 술탄국과 밀접한 관계에 있던 네덜란드는 자카르타의 포구를 독단적으로 통제할 권한을 부여받았다. 이것은 네덜란드가 이후 300여 년에 걸쳐 동인도를 식민지로 삼은 힘의 원천이 되었다. 이제 자카르타는 '바타비아'라는 이름의 네덜란드 영토가 되었다. 오늘날 인구

1000만 명이 넘는 대도시 자카르타는 쿤이 이 지역의 모든 건물을 불태우고 주민을 내쫓은 다음 새로 건설한 마을에서 비롯한 것이다.

1619년, 쿤은 자야카르타(당시의 이름)에 있는 기존 요새 2곳, 나사우와 모리셔스를 확장하는 것을 시작으로 새 건물을 지었고 별도로 바타비아성城을 짓겠다는 계획을 암스테르담에 보냈다. 이때 쿤이 제안한 새 도시의 이름은 니우호른Nieuw-Hoorn이었다. 호른Hoorn은 네덜란드 암스테르담에서 북쪽으로 50킬로미터 정도 떨어진 작은 도시로 쿤의 고향이었다. 감히 자기 고향 이름을 붙이다니, 그의 야심과 독단을 엿볼 수 있다.

암스테르담은 이를 받아들이지 않고 대신 '바타비아Batavia'라는 이름을 보냈다. 이는 로마 제국 시대에 게르만족 일파인 네덜란드 종족이 집단으로 거주하던 지역의 이름이었다. 나중에는 아메리카 여러 지역에서 '바타비아'가 생기고 그곳에 네덜란드 이주자들이 정착했다. 미국의 캘리포니아, 일리노이, 아이오와, 미시간, 뉴욕, 오하이오, 위스콘신 등에도 같은 이름의 지역이 생겼다. 동인도의 바타비아는 1619년부터 일본이 점령하기 직전인 1942년까지 무려 323년 동안 네덜란드 식민지의 수도였다. 일본 점령기에 인도네시아 독립운동가들이 자카르타로 이름을 복원하고 독립을 선언했다. 그리고 나중에 신생 독립국 인도네시아의 수도가 되었다.

참고로 인도네시아는 수도 이전을 추진 중이다. 2045년에

자카르타 역사 박물관. 이 건물은 17세기에 건설되어 네덜란드 동인도회사의 본부와 바타비아의 시청 건물로 사용되었다.

완공을 목표로 한 새로운 수도의 이름은 '누산타라Nusantara'로 보르네오섬의 동칼리만탄 지역이다. 현 자카르타보다 4배나 넓다. 이전 이유는 많지만 그중 가장 큰 것은 침수 때문이다. 현재 자카르타는 지하수 개발, 고층 건물의 난립으로 지반이 매년 7.5센티미터씩 낮아지고 있다. 도시 면적의 절반 정도가 해수면보다 낮아 비만 오면 침수되어 교통 체증이 극심해진다. 자카르타 도심에 팔방으로 흐르는 인공 수로가 범람해 찻길은 금세 물바다가 된다. 나도 그곳에서 많이 경험했다. 그동안 내가 방문했거나 거주했던 수십, 수백의 도시 중 가장 심각한 체증이 아니었나 싶다.

인도네시아는 동서로 길게 뻗은 나라다. 그래서 양 끝의 시간대가 2시간이나 차이가 나는, 세계에서 몇 안 되는 영토 대국이다. 동쪽은 뉴기니섬, 서쪽은 수마트라섬에 이르는 광대한 영역 중간쯤 보이는 곳이 보르네오섬이다. 수도를 이쪽으로 옮기는 또 하나의 중요한 이유가 있다. 인도네시아 영토의 중심이어서 모든 지역과의 교통과 소통에 유리하기 때문이다. 다시 말해 지역 간 균형 개발이 이루어질 수 있도록 하려는 의도다. 신도시 건설 분야에서의 경험과 실적을 세계적으로 인정받고 있는 한국으로서는 좋은 기회다. 한국의 건설 관련 회사들이 수주를 위해 동분서주하고 있을지 모른다. 아시아의 새로운 '스마트 시티' 탄생을 기대해도 좋겠다.

다시 이야기를 과거로 돌려 보면, 쿤은 바타비아를 사령부로 하는 트르나테, 암본, 네이라에 이르는 거대한 영역의 실질적인 통치자가 되었다. 다만 하나, 눈엣가시처럼 거슬리는 영국만 완전히 몰아내면 그만이었다. 이제 그것을 실현할 막바지 단계였는데, 마지막 결정적인 순간에 양국 간 조약 때문에 제동이 걸렸다. 본사 수뇌부에 반대 의사를 담은 편지를 보내기도 했으나 결정을 번복시킬 수는 없었다. 쿤은 승복할 마음이 전혀 없었다. '그 별 볼 일 없는 섬나라 도적놈들에게 뭘 떼어 줘? 반다에서 현지인들을 선동해 우리에게 망신을 주는데, 이번 기회에 놈들을 싹 쓸어버릴 테다.' 아마도 그는 속으로 이렇게 생각하고 있었을 게 분명하다.

쿤은 아이디어를 하나 냈다. 네이라섬의 건너편 론토르섬이 약속을 어기고 항거한 데 대해 영국과 동맹군을 결성해 제재하는 것이었다. 그러려면 영국이 군사를 지원해야 할 텐데, 사실 동인도 지역에서 영국의 자원, 즉 선박이나 병력은 턱없이 부족한 실정이었다. 더구나 론토르 주민은 영국에 호의를 가지고 있었다. 영국으로서는 구태여 그들을 적대할 이유가 없었다. 당연히 영국은 쿤의 제의를 거절했다. 그러자 쿤은 단독으로 그들을 제재하겠다고 선언하고 바타비아에서 군사를 일으켰다. 동맹은 이제 실효가 없어진 것이다.

네덜란드의 총공격과 반다 학살

1620년 말, 드디어 네덜란드 군대가 바타비아에서 론토르섬을 향해 출발했다. 이 정복군의 총사령관은 물론 얀 쿤 자신이었다. 출동한 선박과 병력의 숫자는 기록마다 다르지만 대체로 대형 선박 13척과 그에 딸린 정찰 선박, 중소형 선박 약 40척, 네덜란드 병사와 기타 유럽인 1655명, 일본 사무라이 용병 100명을 포함한 아시아인 286명이었다.

1621년 2월 21일, 쿤의 군대는 네이라의 나사우 요새에 도착해 250명의 주둔군과 36척의 선박을 합류시켰다. 그리고 곧바로 론토르섬의 서쪽 해안 정찰을 시작했다. 여기서 이해를 돕기 위해 론토르섬의 지리를 요약 설명하면 다음과 같다. 론토르섬은 영어식 호칭이고 현지에서는 반다베사르Banda Besar라 불렸다. 섬의 서쪽 지역에 있는 론토르 마을 이름을 그냥 섬 이름으로 쓴 것이다. 이 섬은 반다제도의 10개 섬 중에서 월등히 크고 당시 인구도 제일 많았다. 네이라섬은 북쪽으로 800미터 떨어져 있고 그 옆으로 화산섬인 아피, 또는 구눙아피라 불리는 섬이 1킬로미터 떨어져 있다. 네이라는 네덜란드의 반다 사령부가 있는 곳이었는데 반다제도의 모든 영업을 관장했다.

론토르는 동서로 12킬로미터까지 뻗어 있고 남북으로 폭이 3킬로미터에 이른다. 섬의 중심부는 산과 언덕이 띠를 이루는 고원 지대다. 고도가 해발 536미터라고 하니 험준하다고 할 만하다. 그 당시나 지금이나 인구가 몰려 있는 곳은 서쪽 지역이다. 이틀에 걸쳐 섬의 해안을 정찰했는데 적의 요새 위치를 파악하는 것이 주된 목적이었다. 해안에 나타나 정찰 업무를 수행하는 배를 본 원주민 전사들이 방어 요새에서 대포를 쏘았다. 네덜란드 병사 한 명이 죽고 4명이 다쳤다.

3월 7일, 드디어 상륙을 감행했다. 3월 11일에 네덜란드군은 4개의 부대로 나뉘어 미리 파악해 놓은 공략 지점을 동시에 공격해 들어갔다. 일몰 전까지 섬의 주요 거점은 거의 모두 장악했다. 섬의 주민들은 높은 언덕으로 도주했다. 3월 12일 일몰 전에 섬 전체를 점령 완료했다. 네덜란드군은 6명의 희생자와 27명의 부상자를 냈다. 반다 주민은 견디다 못 해 휴전을 요구해 왔고 이어 협상 절차에 들어갔다. 주민들은 어떠한 요구도 들어주겠다며 억류하고 있던 모든 네덜란드 인질을 풀어 주었다. 대신 네덜란드군은 주민들의 자유를 보장하겠다고 약속하면서 협상은 순조롭게 이루어졌다. 그러나 이는 극히 일시적인 평화였을 뿐이다. 쿤은 그것이 끝이 아님을 간파하고 있었다. 어디까지나 주민 대표인 오랑카야와의 협상이었고 나머지 주민들은 이 사실을 전혀 모를 가능성이 농후했다. 주민들이 의견을 모을 만한 상황이 아니었고 대표성도 의심스러웠다. 뿔뿔이 흩어져 도주했던 주민 일부가 언덕 꼭대기에서 네덜란드군을 공격했다. 쿤은 분이 머리 꼭대기까지 치밀어 올라 즉시 마을을 공격해 쑥대밭으로 만들고 오랑카야들을 잡아들였다.

당시 론토르의 영국 동인도회사 상관에는 로버트 랜들Robert Randall이란 사람이 조수 2명, 중국인 경비 8명과 함께 거주하고 있었다. 얼마 전 영국과 네덜란드가 체결한 협약에 따라 소수 영국인이 반다에 체류했던 것이다. 쿤은 랜들에게 편지를 띄워 공격 참여를 종용했다. 섬 주민들이 영국에 호의를 가지고 의지하고 있음을 아는 랜들은 차마 그럴 수 없었다. 오히려 은밀히 주민들의 군사 훈련을 돕고 있었는데 네덜란드 쪽에서 이를 모를 리 없었을 것이다. 랜들은 쿤에게 편지를 보냈다.

"론토르섬에 개설한 영국 상관은 영국 땅이다. 귀국이 침범한다면 영국과 영국 군주를 침범하는 것과 다름없으니, 결코 어떤 폭력도 행사하지 말아야 할 것이다." 쿤은 크게 화를 내며 편지를 내동댕이쳤다. 그리고 전령에게 고함쳤다. "영국인들은 모두 도망가거라. 누구든 눈에 띄면 적으로 간주해 척살할 것이니,

가서 전하라!"

랜들은 그들이 공격해 올 때 상관에서 한 발자국도 못 나가고 안절부절못했다. 그러나 무슨 소용이 있으랴? 네덜란드군은 영국 상관을 습격해 물건을 모두 약탈하고 랜들을 포함하여 주재원 모두의 손발을 묶어 밖으로 끌어냈다. 고래고래 소리를 지르며 위협하는 이들은 모두 일본인 용병이었다. 그들은 일본도로 중국인 3명의 머리를 잘라 랜들의 발치로 굴렸다. 랜들이 기겁하자 그 모습이 재미있다는 듯이 웃어 댔다. 쿤은 45명의 오랑

반다 학살 당시를 묘사한 그림. 네덜란드 병사와 일본 사무라이 용병으로 구성된 정복군에 의해 2500명이 넘는 반다인이 목숨을 잃었다.

카야들을 인질로 붙잡고 있었는데 불에 달군 인두로 고문하면서 계획이 무엇인지 묻고 심문했다. 오랑카야들은 고문을 견디지 못하고 자백하면서도 반다 주민들은 끝내 항복하지 않고 반격을 멈추지 않을 것이라고 했다.

네덜란드 동인도회사 바타비아의 총독으로서 얀 쿤은 현지 평의회를 구성하고 그들에게 사형을 선고했다. 한 네덜란드인이 사형 집행 광경을 글로 남겨 놓았다.

"44명의 죄수가 성안으로 끌려왔다(한 명은 자살했다). 8명은 오랑카야 신분이고 다른 36명은 일반 주민이었다. 경비병들이 에워싸고 있는 형장에 그들을 세워 놓고 사형 판결문을 읽었다. 그리고 모든 죄수를 대나무로 얼기설기 만든 둥근 구조물 안으로 들여보냈다. 6명의 일본 칼잡이가 8명을 참수하고 사지를 절단했다. 이어서 나머지 36명도 참수했다. 그들 중 단 한 사람만 '제발 자비를' 하고 애원했을 뿐 다른 이들은 모두 신음 소리 하나 내지 않고 묵묵히 죽음을 맞았다. 우리는 모두 너무 끔찍해서 굳어 있었다. 처형당한 죄수들의 머리와 사지는 모든 사람이 볼 수 있도록 대나무 작대기 끝에 걸어 놓았다. 기독교도라고 자부하는 우리는 모두 놀라고 당황했다. 신은 과연 누가 옳고 누가 그른지 아실까?"

언덕 위에서는 잔당 소탕 작전에 돌입했다. 애당초 전력 차이가 너무 컸기에 적군보다는 사냥감에 가까웠다. 그들은 누구인가? 바다 가운데 떠 있는 작은 섬에서 농사를 짓고 고기를 잡으며 가족을 이루고 사는 가난한 섬사람들이었다. 망망대해를 터전으로 외부 세계는 알지도 못하고 또 알 필요도 없이 살아왔다. 그러던 중에 어디서 왔는지도 모를 외부인(아랍인 또는 페르시아인, 인도인)이 다가와 어떤 나무의 열매를 사 갔다. 그들은 계속해서 열매를 사 갔다. 그 바람에 생업이 바뀌어 그 열매, 즉 육두구 열매를 파는 사람이 되었다. 그러다 이렇게 엄청난 군대가 쳐들어왔다. 이 사람들이 무슨 수로 대포와 총으로 겁박하는 전문 싸움꾼들을 상대할 수 있겠는가? 그런 점에서 영국도 책임을 피할 수는 없다. 주민들이 가진 대포와 머스킷 총은 어디서 왔는가? 분명 영국인들이 가져와 육두구와 바꾼 것이었다.

이 정복전에서 2500명이 총에 맞아 죽거나 굶어 죽었다. 항복하느니 자살하겠다고 절벽에서 뛰어내린 사람도 부지기수였다. 300명이 안 되는 사람들만 간신히 근처 섬으로 피해 살아남았다. 이로써 1만 5000명으로 추정되는 반다제도 전체 인구에서 1000여 명만 살아남고 일부는 바타비아에 노예로 보내졌다. 그러나 이들 역시 항해 도중 상당수가 사망했다. 반다에서 바타비아는 돛배로 달포를 넘겨야 갈 수 있는 거리다.

아이섬의 학살, 런섬의 학살, 이제는 론토르섬의 학살, 그리고 곧 이어질 암본 학살. 그럼에도 기록은 쿤이 반다 주민의 죽음에 대하여 아무런 양심의 가책을 느끼지 않았다고 전하고 있다. 암스테르담 본부 이사들이 쿤의 잔인한 처사를 힐난하는 듯한 편지를 보냈을 때도 콧방귀로 응수했다. "누가 명령을 내렸는데? 당신들이 힘으로 누르라고 했잖아. 오랑카야들을 없애 버리고 새로운 주민들을 거주시키라고 명령한 게 누군데?"

개인적으로 나는 이 이야기를 쓰다가 거의 3주 동안 집필을 멈추어야 했다. 유럽인들이 자행한 악행은 비단 반다제도만의 일이 아니었다. 아메리카의 잉카 원주민 말살, 아프리카 전역에서 자행한 노예사냥 외에도 많다. 그중에서도 불빛을 향해 돌진하는 부나비처럼 싸우다 산화한 반다인들의 사연은 특히 처절했다. 참고로 현재 인도네시아에는 700개 정도의 서로 다른 언어를 가진 종족이 모여 산다. 내가 자카르타에 머물고 있었을 때, 선배였던 미스터 신이 뉴기니섬의 이리안자야 지역에 갔다 와서 이런 이야기를 해 주었다. 바로 옆에 있는 언덕 하나만 넘어가도 이웃 마을과 말이 달라 소통이 안 된다고 했다. 그때는 믿기 어려웠지만 아마도 사실이었을 것이다.

오늘날 반다제도에 사는 사람들은 이주자들이다. 네덜란드의 총공격으로 노동력이 사라지자 다른 곳에서 대체 인원을 데려왔기 때문이다. 마카사르Makassar, 부기스Buginese, 말레이, 자바 등지에서 왔고 중국인, 말루쿠인, 심지어는 포르투갈인도 있었다고 한다. 육두구 농사는 하도급을 주었는데 네덜란드 전직 병사, 전직 동인도회사 직원 등에게 특혜를 주면서 고용했다. 역사는 이 사건을 반다의 학살, 또는 네덜란드 동인도회사 집단 학살 사건으로 기록하고 있다.

얀 쿤, 영웅인가 학살자인가

2020년 6월 20일, 네덜란드의 수도 암스테르담에서 북쪽으로 45킬로미터 지점에 있는 인구 7만 5000명의 작은 도시 호른에서 기마병 경찰이 시위대와 대치했다. 약 500명 정도로 추산되는 시위대는 호른시 중심가에 호기롭게 서 있는 동상 앞에 모여 시위를 하고 있었다. 반정부 시위나 환경 운동가들의 집회가 아니었다. 이들은 동상을 철거하라며 피켓을 들고 구호를 외쳤다. 동상을 받치고 있는 석단 앞면에는 'JAN PIETERSZ COEN'이라는 이름과 함께 그 밑으로 '1587~1629'이라는 생몰 연도가 새겨져 있었다. 계산해 보면 42세의 나이로 요절했음을 알 수 있다. 동인도의 바타비아와 말루쿠해에서 네덜란드 동인도회사 총독을 지내며 많은 이야기를 남긴 바로 얀 쿤이다. 호른은 그의 고향이다.

그는 네덜란드에서 국민 영웅으로 추앙받는 인물로 고향 사람들이 그의 업적을 기려 중심부 광장에 동상을 세웠다. 우리나라로 치면 광화문 네거리에 이순신 장군 동상을 세운 거나 마찬가지다. 쿤은 이순신 장군보다 약 40년 후에 태어난 인물이다. 이순신 장군은 국난 때 왜군을 격퇴하여 나라를 구했고 쿤은 향신료 교역으로 커다란 부를 안겨 주며 350년간 동인도(인도네시아) 지배의 실마리를 마련한 인물이다. 이순신 장군은 한민족 모두의 본보기가 되는 인격을 갖춘 군자였지만, 쿤은 비록 부를 가져온 영웅으로 추대받을지언정 인격적으로는 무자비한 학살의 원

네덜란드 북서쪽에 위치한 도시 호른에 세워진 얀 쿤의 동상. 2020년, 시위대는 동상 철거를 요구하며 동상에 붉은색 페인트를 칠하기도 했다.

흉이었다.

후대 역사가들에 의해 그간의 행적이 드러나면서 그가 무자비한 살인자였음이 밝혀졌다. 이제 영예로운 인물이 아니라 부끄러운 인물이 된 것이다. 사람들이 동상 철거를 요구한 이유도 그와 같았다. 그러나 모든 이들의 생각이 똑같지는 않다. 한쪽에서는 약 25명의 사람이 피켓을 들고 얀 쿤의 이름을 외쳤다. 물론 그를 추앙하는 사람들이다. 이들 간 충돌을 막고자 경찰이 출동했다. 결국 경찰봉까지 휘두르며 5명을 제압하고 체포 연행하는 사태에 이르렀다. 도대체 얀 쿤은 동인도에서 무슨 짓을 했던 걸까? 얼마나 잔인하게 굴었기에 후손들이 저토록 분개하며 동상 철거를 요구하게 되었는지 그 이유를 추적해 보려고 한다.

앞에서 동인도 반다제도를 이야기했다. 영국의 너새니얼 코트호프가 2척의 배에 39명의 병사와 영업 사원을 이끌고 런섬에 상륙해 주민들을 설득하여 영국 왕의 영토로 만들었던 이야기, 그리고 결국 얀 쿤에 의해 살해당한 뒤 반다해의 떠도는 영혼이 되었던 이야기, 런섬의 원주민 모두가 학살당하고 뒤이어 론토르섬에서도 많은 원주민이 쿤에 의해 잔혹하게 죽음을 맞았다는 사실도 이야기했다. 그는 이 외에도 여러 학살 사건을 주도했다. 쿤은 동인도제도, 즉 지금의 인도네시아 말루쿠해의 반다제도에 살던 원주민을 말살한 제노사이드Genocide의 주범이다. 여태껏 세계사에 있었던 인종 말살 제노사이드는 정치적 이해관계, 또는 종교적 충돌 등이 원인이었다. 그러나 얀 쿤의 학살은 향신료인 육두구의 독점 거래 때문에 일어났다.

쿤은 잔인한 악의 표상이었다. 오늘날 남아 있는 그의 초상화를 보면 눈매, 매부리를 닮은 날카로운 콧날, 살집 없는 흰색 피부의 얼굴에 드러난 각진 뼈의 구조 등이 자비로움과는 거리가 먼 냉혹한 인상을 풍긴다. 특별히 나쁜 의도를 가지고 그렸다고 볼 이유가 없는 평범한 초상화일 터인데 선입견 때문인지 섬뜩하기조차 하다.

그가 동인도 총독으로 재직 시 반다제도의 인구는 약 1만 5000명이었다. 그러나 학살에서 가까스로 살아남은 1000여 명과 바타비아로 끌고 가서 노예로 삼은 800여 명을 제외한 나머지는 모두 학살당했다. 일본 사무라이 낭인들을 동원해 칼로 난도질하기까지 했다. 영국의 너새니얼 코트호프가 마지막까지 버티며 저항했던 런섬도 같은 일을 당했다. 코트호프를 위시한 영국인뿐 아니라 주민들 모두 죽었다. 그뿐 아니라 모든 육두구 나무를 뽑아 버리고 타지 주민들을 데려와 가축을 사육하게 했다. 자기 민족의 생존을 위한 것도 아니고 자기가 신봉하는 종교를 위한 것도 아니었다. 대를 위해 소를 희생하는 정치적 행위도 아닌 고작 먹거리인 육두구를 독점하기 위해 벌인 일이었다. 그는 자비라고는 없는 사람이었다. 얀 쿤은 42세의 나이에 부인과 아이 및 여러 친족을 남겨 놓고 바타비아에서 갑작스레 병으로 죽었다. 총독이 되면서 고향 친족들 모두 바타비아로 데려와 왕처럼 살다가 속된 말로 제명에 못 살고 죽고 만 것이다.

암본 학살과 런섬 탈환 작전

반다제도를 독차지한 네덜란드 동인도회사의 제4대 총독 얀 쿤은 바타비아의 총독부로 돌아왔다. 그전에 암본에 들러 주지사 헤르만 반 스퓔트Herman van Speult를 만났다. "충고 한마디 하고 가겠소. 영국 놈들은 언제 어디서 반역을 꾀할지 모르오. 경계를 게을리하지 마시오. 만약 낌새가 보이면 싹을 아예 잘라 버리시오." 쿤이 말했다.

"네, 명심하겠습니다. 그런데 한 가지, 영국과의 방위 조약이 있으니 마음대로 하긴 어렵지 않을까요?" 스퓔트가 물었다. "방위 조약이라 했소? 그놈들, 반다 공략 때 우리가 군사와 선박 지원을 요청했는데 들은 척도 안 하지 않았소? 그놈들이 먼저 약속을 깨 버렸는데 무슨 방위 조약? 신경 쓰지 마시오. 반란을 일으키면 그냥 단죄하시오."

"명심하겠습니다." 스쮜트가 대답했다.

바타비아로 돌아간 쿤은 1623년 총독 자리를 피터르 더 카르펜티르Pieter de Carpentier에게 넘겨주고 암스테르담으로 돌아갔다. 그는 로마 시대 식민 통치국에서 혁혁한 공을 세우고 돌아온 총독이나 호민관처럼 열렬한 환영을 받았다. 동인도회사의 이사에 올라 그의 고향 호른에 지사를 세우고 스스로 대표가 되었다. 그리고 늦깎이 결혼도 했다.

한편 동인도의 영국은 반다에서 쫓겨난 후 기반을 잃고 사업을 포기할 처지에 놓였다. 반다의 육두구나 트르나테의 정향을 생산지에서 직접 수매할 수 없었지만 암본에 있는 영국 상관은 간신히 명맥을 유지하며 사업을 계속했다. 네덜란드는 방위조약이 여전히 유효했고 자기들에 위협이 되지 않았으니 자비라도 베푸는 듯 묵인해 주었다.

암본은 네덜란드 동인도회사 말루쿠 지역 사업의 중심지다. 북쪽의 트르나테의 정향과 남쪽 반다제도의 육두구를 거의 독점 거래하는 동인도 경영에서 자바의 바타비아 다음으로 중요한 기지였다. 그래서 이곳에 중량급 주지사를 두고 튼튼한 성채를 쌓아 안전을 도모하면서 사업을 수행했다. 성채 한쪽은 바다와 면하고 뒤쪽 육지와 맞닿은 곳은 해자를 파서 물을 채웠다. 성벽 곳곳에 대포를 조밀하게 배치하고 네덜란드인 200여 명을 성내에 거주시켰다. 400여 명의 원주민 병사가 물샐틈없이 경비를 서는 가운데 바다 쪽에는 8척의 선박이 방어선을 구축했다.

영국 동인도회사 암본 상관에는 가브리엘 타워슨Gabriel Towerson이 관장으로 있었고 그곳에 상주하는 영국인 상인 12명, 같은 섬의 히투 마을에 몇 명을 더해 총 18명의 영국인이 살았다. 병기고가 있었지만 무기라고는 검 세 자루와 머스킷 총 두 자루가 전부였다. 타워슨은 헨리 미들턴 경이 이끈 동인도 2차 항해 때 참여했고 8차 항해 때는 헥터호의 선장을 맡은 베테랑이었다. 그는 1621년 회사와의 계약으로 말루쿠 상관 관장으로 와 있었다. 한편 네덜란드 요새에는 일본 낭인 용병 30여 명이 고용되어 일하고 있었다. 이들은 어쩐 일인지 동인도회사의 역내에 거주하지 않고 외곽 거주지에서 집단생활을 했다. 언어와 문화적인 차이가 있다 보니 소속감은 약하지 않았나 짐작된다.

1623년 2월 10일, 네덜란드 병사 한 명이 성벽을 순찰하던 중 일본인 용병의 발에 걸려 넘어졌다. 서로 소통이 제대로 안 되었는지 어쨌는지 모르지만 네덜란드 병사가 돌아가서 그 이야기를 동료한테 했다. "그래? 그런데 그 친구들은 성 밖에 살지 않아? 왜 거기에 와 있대? 이거 보고 해야 하는 거 아냐?" 그리하여 그 사실이 지사의 귀에까지 들어갔다. 지사는 일본인 용병을 심문하라고 지시했다. 일본인 용병은 단순히 호기심으로 가 보았을 뿐이라고 얘기했는데 지사는 그를 첩자로 몰았다. 의도가 있었는지 아니면 의심이 많은 사람이어서 그랬는지 모르지만 고문까지 가하면서 자백을 강요했다. 버티지 못한 일본인 용병은 성채를 점령하고 지사를 죽이려 했다고 거짓 자백을 했다. 이에 다른 일본인 용병도 끌려 나와 고문을 받았다.

중세 유럽의 고문은 너무도 잔인했다. 이들은 가톨릭교회에서 용인한 모든 방법을 동원해 괴롭혔다. 가톨릭은 종교 재판 때 각종 고문 기술을 개발한 것으로 유명하다. 이단자와 마녀를 단죄하려는 의도였으나 정작 무고한 사람들이 희생당했다. 스페인에서만 종교 재판의 고문으로 36만 명이나 죽었다고 하니 그 규모가 상상을 초월한다. 그들은 단지 종교 계율을 지키려고 멀쩡한 사람을 이단과 악마로 몰아 사정없이 죽였다. 내가 스페인 마드리드의 마요르Mayor 광장을 방문했을 때 종교 재판으로 죽은 영혼이 아직도 서려 있는 듯한 음산함을 느낄 수 있었다.

결국 고통을 못 이긴 일본인이 영국인을 지목해 불똥이 영국으로 튀었다. 암본에 사는 영국인들이 한 명씩 소환되어 심문을 받고 고문을 당했다. 이렇게 하여 그럴듯한 네덜란드 성채 점령 시나리오가 만들어졌다. 결국 그들은 영국 상관장 타워슨을 체포하고 지독한 고문을 자행했다. 평소 타워슨과는 사적 모임도 가지며 잘 지내던 스뢸트 지사는 안면을 몰수했다. 그들은 어떻게 해서든지 타워슨을 주동자로 만들려고 했다. 심문을 기다리는 동안 옆방에서 들려오는 단말마의 비명은 공포심을 극대화했다. 어떤 이는 정신이 나가 고문을 가하기도 전에 반란 음모 이야기를 꾸며 술술 자백했다.

타워슨은 부하들한테 신망이 두터운 사람이었지만 그 모든 위신과 위엄은 처참히 짓밟혔다. 사형대에서 다른 죄수들과 달리 눈가리개를 해 준 것이 유일한 배려였다면 배려였다. 새뮤얼 콜슨Samuel Colson이란 사람이 쓴 편지가 전해지는데 내용 일부를 소개하면 다음과 같다.

"나, 히투의 중개상 새뮤얼 콜슨은 음모 혐의로 체포되었으며 내가 곧 죽으리라는 것을 알고 있다. 나의 결백을 알릴 방도가 없다는 것도 알고 있다. 이 편지가 제대로 알려지길 바란다. 예수 그리스도의 죽음과 수난으로 죄의 사함을 바라듯 나도 구원받을 수 있음을 믿는다. 나 그리고 이곳의 모든 사람은 죄가 없다. 내 말은 추호도 거짓이 없다. 나에게 신의 가호가 있기를 바란다. 새뮤얼 콜슨, 1623년 5월 3일." 그는 이 편지를 족쇄에 묶인 채 로테르담호에서 썼다고 밝혔다.

윌리엄이란 사람이 마지막 날 쓴 기록도 알려졌다. "우리는 모진 고문에 한 번도 생각지도, 꾸민 적도 없는 일을 부끄럽게도 자백했다. 살과 피가 범벅이 되는 고통스러운 불과 물의 고문을 받은 뒤 사형을 선고받고 이제 신의 구원을 받는다. 작별을 고한다."

날이 밝자 죄수들은 요란하게 울려 퍼지는 북소리와 트럼펫 소리를 뒤로하고 처형대로 향했다. 구경꾼이 인산인해처럼 모였다. 아마도 그들은 네덜란드가 영국을 짓밟고 승리하는 현장을 목도하고 싶었으리라. 추정컨대 그렇게 사형당한 10명의 일본인과 10명의 영국인은 서로가 알지도 못하는 사이였을 것이다. 심지어는 서로 본 적도 없는 사람들이었으리라. 그리고 여기에는 또 다른 국적의 사람도 있었다. 포르투갈인이 한 명 있었다. 평소에 미운털이 박혔던 사람이었던지 어쩐 일인지 이 사람의 기록은 보이지 않는다. 그래서 모두 21명이 형장의 이슬로 사라졌다.

역사는 이 사건을 '암본 학살'로 일컫는다. 네덜란드에는 두고두고 짐이 된 사건이었으며 이로 인해 잃은 것도 많았다. 암본에서 살아남아 도망친 2명의 영국인이 바타비아에 있던 소수의 영국인에게 이 소식을 알렸다. 산 사람의 몰골이 아닌 이들이 울면서 그곳에서 있었던 일을 전할 때는 너무 놀라 숨이 멎을 지경이었다. 즉시 네덜란드 총독에게 항의 편지를 썼다. "암본의 스필트는 영국과 네덜란드의 조약을 정면으로 위반했고 영국 국왕 폐하를 모독했다." 총독 피터르 카르펜티르는 항의 서한을 무시했지만 사태의 심각성을 잘 알고 있었다. 그는 암스테르담에 편지를 썼다. "스필트는 자기 임무에 충실했으나 좀 더 올바른 판단을 해야 했다고 생각합니다."

살아남아 런던으로 돌아간 사람들이 고문 과정을 상세히 기록하여 대중에 알렸다. 사실을 알게 된 영국인들의 분노는 하늘을 찔렀다. 사람들은 타워슨을 포함해 머나먼 이국에서 죽은 이들을 애도하며 눈물을 흘렸고 제임스 1세와 동인도회사 이사들 모두 기가 막혀 했다. 분노한 런던의 군중들이 네덜란드 교회로 몰려가 야유를 퍼부었다. 런던 전역에 반反네덜란드 운동이 퍼졌고 이웃에게 행동을 취하기를 종용했다. 당장 영국 해협을 지나

다니는 네덜란드 배를 나포하고 배상을 받자는 여론이 들끓었다. 암스테르담도 겉으로는 무시로 일관했지만 내심 당혹스럽기 이를 데 없었다. 사건 당사자인 스퓔트를 소환해 자세한 내막을 들어 보기로 하여 그가 돌아오기를 기다렸다. 그런데 귀환 도중 그만 사망해 버렸다. 아라비아반도 남부 예멘의 모카에서 죽었다는데 사망 원인은 어떤 기록에서도 찾을 수 없다.

암본 사건 이후 영국의 동인도 활동은 크게 위축되었다. 반텐의 상관조차 유지하기 어렵게 되었으며 트르나테와 반다제도의 근거지도 없어졌다. 반대로 네덜란드 동인도회사는 독점적 위치를 공고히 하게 되었다. 반다제도에서 네덜란드 정착민에게 하도급을 주어 향신료를 생산케 했는데 이러한 정책은 생산량을 획기적으로 늘려 최고의 수익을 가져왔다. 이러한 상황은 영국 사업자들을 더욱 절망케 했다. 영국으로서는 어쩔 수 없이 굴복했지만 언제든 굴욕을 갚을 날이 올 것이라 믿었고 때가 되면 반드시 배상을 받아 내리라 생각했다.

영국인들의 마지막 희망은 런섬 탈환이었다. 그런데 런섬은 영국령이 아니던가? 영국 동인도회사의 이사들은 외교적으로 네덜란드에 계속 이 문제를 제기했다. 그러나 네덜란드는 요지부동 완강하게 거부했다. 결국 제임스 1세에 이어 잉글랜드 국왕 자리에 오른 찰스 1세가 1651년에 무역 기지 확보를 위한 항해 조례를 발표했다. 당연히 그 조례는 네덜란드의 이익에 반하는 것이어서 양국의 분쟁은 필연적이었다. 그러다가 영국에 통

올리버 크롬웰의 초상화. 1642~1651년 청교도 혁명으로 공화국을 수립했다. 민주주의 정치 발전에 기여했다는 평가와 군사 독재자라는 비난을 동시에 받고 있다.

치권 변동이 발생했다. 올리버 크롬웰Oliver Cromwell이 왕정을 타파하고 공화정을 세워 정권을 잡은 것이다. 역사에서 '청교도 혁명'으로 불리는 사건이었다. 지주 출신 하원의원인 크롬웰이 철기군을 조직하고 내전에 개입해 승리하면서 의회를 해산하고 스스로 종신 호국경護國卿이 되어 잉글랜드, 스코틀랜드, 아일랜드의 모든 지역을 통치했다. 그의 통치는 왕정보다 더 혹독한 독재로 점철되었다는 비판을 받는다. 찰스 1세는 사형 선고를 받고 참수됐다. 그가 통치를 시작하자마자 불신의 앙금이 가득하던 네덜란드와의 관계가 곪아 터졌고 크롬웰은 전쟁에 돌입했다. 이 전쟁을 제1차 영국-네덜란드 전쟁이라고 한다.

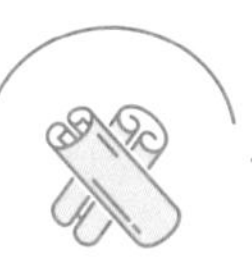

제1, 2차 영국-네덜란드 전쟁

전쟁은 영국이 영국 해협에서 네덜란드 함대를 공격해 나포하면서 시작됐다. 암본 학살로 분노한 여론이 30년이 지난 후에 실현된 것이다. 영국-네덜란드 전쟁은 해전으로만 치러졌다. 대형 선박 위주의 영국 해군이 소형 선박 위주의 네덜란드 함대를 모든 해전에서 패퇴시켰다. 네덜란드가 영국 해협에서 제해권制海權을 잃었다는 이야기다. 아시아에서 들어오는 네덜란드의 배가 영국 해협에 진입을 못 하게 되자 스코틀랜드 북쪽으로 우회해 자기네 해역으로 들어갈 수밖에 없는 신세가 되었다.

네덜란드의 소형 선박은 기동성이 좋아 화물 운송에 유리했다. 선박 수에서는 영국을 압도했지만 육중한 대포로 공격하는 해전에서는 대형 선박에 속수무책이었다. 1652년에 시작된 전쟁은 1654년까지 이어졌는데 웨스트민스터 조약으로 종결되었다. 조약 내용은 상호 과거 상대국으로부터 입은 피해를 보상한다는 것이었다. 여기에는 3개월 이내에 증거를 제출해야 한다는 단서 조항이 있었다. 영국은 당연히 반다제도의 런섬과 론토르섬 반환을 포함시켰다. 그리고 상당 금액의 보상금을 요구했다. 네덜란드는 영국이 요구한 금액보다 더 많은 금액을 배상 요구하면서 물타기를 하려고 했다. 증거에 대한 시비가 있을 수 있고 여기에 서로 합의한다는 것도 심히 어려운 일이어서 자칫 지켜지지 않을 가능성이 있었지만, 우려와 달리 양국은 합의에 도달했다. 네덜란드는 런섬을 즉시 영국에 반환하고 피해 보상금으로 8만 5000파운드를, 암본 학살의 희생자 유가족에게 4000파운드를 지불하기로 했다.

한편 네덜란드의 배상과는 별개로 영국 동인도회사는 그동안 너무 큰 손실을 보았기에 여러 자구책을 세웠다. 인원 감축, 급여 하향 조정 등의 조치로는 역부족이어서 결국은 자산을 매각하기에 이르렀다. 한 세기 반에 걸쳐 배를 만들어 온 대항해 시대의 기린아 뎃퍼드 조선소를 1656년에 매각했다. 결국 이듬해 1657년 초, 영국 동인도회사의 이사회 의장이었던 윌리엄 코케인은 주주 총회를 소집하고 동인도회사의 청산을 의결하여 파산을 선언했다. 회사는 네덜란드가 독점한 향신료 대신 새로운 시장과 품목을 개발할 청사진을 마련하고 있었다. 여기서 '새로운 시장'은 인도였고 취급할 품목은 향신료 말고도 많았다. 그동안

회사는 당시 통치자인 올리버 크롬웰에게 인도에서의 새로운 사업을 승인해 달라고 수차례 청원을 넣고 있었다. 그러나 그는 완고하게 거부했기 때문에 부득이 파산이라는 극약 처방을 내린 것이다.

크롬웰은 화들짝 놀랐다. 잘나가던 동인도회사가 파산이라니! 1653년에 의회를 해산하고 정권을 잡은 이래 이런저런 계획서를 만들어 승인해 달라고 했을 때 '부자 놈들, 무슨 욕심을 그렇게 부려? 하던 일이나 잘할 것이지 인도는 또 뭐야?' 하면서 무시해 왔던 게 사실이다. 청원대로 하려면 항해 조례를 제정하고 사업 특허를 줘야 했다. 그러나 항해 조례는 다른 나라와 외교 분쟁의 이유가 될 가능성이 매우 컸고 특허란 해당 회사에 인도 영역에서 전쟁을 수행할 권한을 주는 것이었다. 즉, 군대 보유는 물론 선전 포고와 영토 점령 등 외교권 일체를 내주는 일이었다. 왕정 시대였다면 왕이 알아서 할 일이지만 당시는 왕이 없는 공화정 사회였기에 크롬웰로서는 그런 특혜를 베풀 수가 없었다. 의회라면 가능할지도 몰랐다. 막상 동인도회사가 파산했다는 소식을 접한 크롬웰은 절반을 자기편으로 채워 넣은 의회를 설득해 청원을 승인했다. 윌리엄 코케인의 극약 처방이 주효한 것이다.

동인도회사는 즉각 이를 공표하고 주식 청약을 받았는데 투자자가 몰렸다. 대박이 난 것이다. 이로써 합자회사 형태로 운영하던 동인도회사는 명실공이 주식회사가 되었다. 엄청난 투자금이 들어오자 회사의 운명은 거짓말처럼 하루아침에 뒤바뀌었다. 가치가 떨어져 싸구려가 된 후추나 거래하던 사업은 이제 잊고 새로운 품목과 시장으로의 전환이 가능해진 것이다. 이후 영국 동인도회사는 인도의 비단과 직물, 화약의 원료가 되는 초석硝石 등을 거래했다. 나중에는 면직물, 차, 아편으로 품목을 옮겨 가면서 지구 최대 부자 회사가 되었고 이는 훗날 영국이 '해가 지지 않는 나라', 즉 대영 제국으로 발돋움하는 기틀이 되었다. 물론 한 세기가 지난 후의 일이지만.

그러나 이를 가만히 지켜볼 네덜란드가 아니었다. 영국의 항해 조례 때문에 무역로를 제한당할 수는 없었다. 정치 이념적으로 칼뱅주의를 신봉하는 공화주의자였던 네덜란드 지배층은 영국 교회를 종교적 위협 요소로 보았다. 이들은 1차 전쟁에서 영국에 패한 소형 상선을 개조하는 한편 적함을 쉽게 나포할 수 있는 해적선으로도 바꿨다. 그러는 사이 영국에서는 또다시 정치적 변동이 생겼다. 1658년 9월, 지난 5년 동안 의회를 앞세워 지독한 독재로 일관했던 크롬웰이 갑자기 사망한 것이다.

그러자 프랑스에 망명했던 찰스 1세의 아들이 귀국하여 복위했는데 그가 곧 찰스 2세다. 이로써 영국 역사상 첫 공화정은 5년 만에 끝나고 왕정이 되었다. 찰스 2세는 죽은 크롬웰의 시체를 부관참시했다. 아버지를 단두대에서 처형한 데 대한 복수였다. 찰스 2세는 즉위하자마자 항해 조례를 갱신하고 영국의 무역을 보호하는 정책을 폈다. 아메리카 대륙의 네덜란드 식민지였던 뉴네덜란드 지역을 침략해 뉴암스테르담을 점령하고 이름을 뉴욕으로 바꿨다.

뉴네덜란드의 역사는 1621년 네덜란드가 허드슨강 입구에 식민지를 건설하고 그 지역 특산물인 모피를 원주민과 거래하는 회사를 세우면서 시작되었다. 그들은 회사 이름을 동인도회사를 모방해 서인도회사라고 칭했다. 서인도회사의 초대 총독 페테르 미나위트Peter Minuit는 원주민에게 24달러를 주고 포트 암스테르담, 즉 지금의 로워 맨해튼Lower Manhatten 땅을 구입했다. 그 후 모피 거래로 번영을 구가하면서 지금의 뉴욕, 뉴저지, 델라웨어, 코네티컷으로 식민지를 확대하고 이곳을 '뉴네덜란드'라 칭했다. 이들은 자신들을 반기지 않는 토착 원주민들과 수차례 전쟁을 치르며 삶의 터전을 닦았는데 인구를 늘리기 위해 정착자 모집 운동을 계속했다.

한편 필그림 파더스Philgrim Fathers(성공회에 반기를 든 청교도)라는 영국 이주자들이 1620년경 지금의 매사추세츠주의 플리머스에 식민지를 건설했다. 이들도 모피 거래로 생계를 유지했는데 자연적으로 뉴네덜란드 사람들과 경쟁 관계에 놓이게 되었다. 이들 사회를 뉴잉글랜드라고 하는데 현재의 지도상 매사추세츠주의 북쪽 지역이었다. 한편 영국은 뉴잉글랜드 남쪽으로 버지니아 지역 제임스타운에 일찍부터 식민지를 가지고 있었다. 반면 뉴네덜란드는 뉴욕, 코네티컷, 델라웨어, 뉴저지 지역이었으니 샌드위치처럼 영국 식민지 사이에 끼어 있는 형국이었다.

1664년, 영국은 군함 한 척을 뉴암스테르담으로 보냈다. 뉴네덜란드를 점령하려는 군사 행동이었다. 당시 네덜란드의 총독이었던 페테르 스타위베산트Peter Stuyvesant는 어찌할 바를 모르다가 그냥 항복했다. 뉴네덜란드 주민들이 영국과의 싸움을 원하지 않았고 대응할 군사력도 마땅히 없었기 때문이었다. 당시 뉴네덜란드에는 무려 20개의 언어가 존재할 정도로 다양한 종족이 거주하고 있어 전쟁을 치를 형편이 못 되었다. 민족주의 같은 통일된 정치적 이념이 없었고 총독 자신도 지도자로서 신뢰를 얻지 못했다.

영국 왕 찰스 2세는 뉴암스테르담을 뉴욕New York으로 개칭했다. 동생 요크 공작Duke of York의 이름을 딴 것이다. 요크 공작은 찰스 1세의 둘째 아들로, 형인 찰스 2세가 후사 없이 죽자 왕위를 계승해 제임스 2세가 되었다. 참고로 '요크'라는 귀족 호칭은 전통적으로 왕의 바로 아래 동생(부모의 둘째 아들)에게 주어지는 작위다. 오늘날의 영국 왕실에서 에드워드 황태자의 동생 앤드루도 요크 공작이다.

그보다 40여 년 전인 1623년, 네덜란드 동인도회사 암본 사령부가 벌인 만행을 영국은 기억하고 있었다. 영국 동인도회사 암본 상관의 관장이었던 가브리엘 타워슨을 비롯하여 10명의 영국 상인이 모질게 고문당하고 반란 혐의로 처형됐다. 10여 년 전 네덜란드와의 전쟁에서 승리함으로써 얼마간 보상을 받았다 해도 감정의 앙금은 쉬이 사라지지 않았다. 굴욕감은 물론 황금 알을 낳던 동인도의 향신료 사업을 잃었기 때문이다. 10년 전 제

1차 영국-네덜란드 전쟁에서의 승리로 반다제도의 런섬을 되찾았지만 육두구 나무들이 뿌리째 뽑혀 황무지나 다름없었다. 그러다가 1664년 영국이 북아메리카의 뉴네덜란드를 침공했을 때 어떠했는가? 네덜란드인들은 특별한 대응 없이 그대로 항복했다. 어찌 보면 맥이 빠질 일이었다. 영국 왕실을 비롯한 지배층은 네덜란드가 예전 같지 않다고 여길 만큼 인식이 바뀌고 있었다. 찰스 2세는 항해 조례를 영국에 유리하도록 갱신했다. 그리고 강력히 항의하며 도전해 오는 네덜란드에 선전 포고를 했다.

1665~1667년까지 치러진 이 해전을 제2차 영국-네덜란드 전쟁이라고 한다. 찰스 2세는 이참에 항복을 받아 내고 모든 무

제2차 영국-네덜란드 전쟁의 한 장면을 묘사한 그림. '영란 전쟁'은 세 차례에 걸쳐 이어졌는데 이를 계기로 영국은 식민지 쟁탈과 해상 주도권에서 우위를 점하게 되었다.

역로를 장악하려고 했다. 그러나 네덜란드도 1차 전쟁 패배 후 나름대로 대응에 나선 상태였다. 원인을 분석하고 해군 선박을 개조하는 등 준비를 철저히 했다. 그뿐 아니라 영국과 늘 경쟁 관계에 있던 프랑스와 동맹을 맺었다. 영국으로서는 뒤통수를 맞은 꼴이었다. 엎친 데 덮친 격으로 런던에 대화재가 발생하고 흑사병이 창궐해 영국 사회는 혼란에 빠졌다. 결국 두 번째 전쟁에서는 네덜란드가 승리했다.

이 전쟁에 오늘날 네덜란드에서 구국의 영웅으로 추앙받는 인물이 등장했다. 우리나라로 치면 이순신 장군이나 마찬가지인 미힐 더 라위터르Michiel de Ruyter 제독이다. 그는 1667년에 영국 주력 전함 13척을 런던의 코앞인 템스강 하구에서 불태우고 템스강을 봉쇄했다. 이를 메드웨이Medway 해전이라고 하는데 이 승리로 라위터르 제독은 유럽사에서 영국의 호레이쇼 넬슨Horatio Nelson보다 높이 평가받는다. 하층민 출신으로 제독까지 올라간 입지전적의 인물로 그의 일대기는 영화로도 제작되어 네덜란드에서는 박스오피스 1위에 오르기도 했다.

제2차 영국-네덜란드 전쟁은 라위터르의 활약으로 네덜란드의 승리로 끝났다. 전쟁이 끝나고 맺은 브레다Breda 협정은 당시 복잡한 유럽의 정치적 관계를 나열하고 있으며 모호한 서술이 많아 이해가 쉽지 않다. 특별히 향신료에 초점을 맞추어 보자면, 반다제도의 런섬과 뉴욕의 맨해튼섬을 맞바꾼다는 내용이 들어 있었다. 너새니얼 코트호프가 39명의 영국 선원과 상인들,

그리고 원주민과 함께 1540일 동안 지독한 굶주림과 갈증, 네덜란드의 위협 속에서 저항하다가 산화한 반다해의 작디작은 섬, 런섬이 여기서 등장한다. 영국은 이미 동인도 지역에서 완전히 철수했다. 따라서 런섬은 더는 육두구가 나지 않는 쓸모없는 외딴 섬일 뿐이었다. 그 섬과 교환한 맨해튼은 어떤가? 오늘날 미국 뉴욕의 번화가일 뿐 아니라 세계 정치·경제·문화의 중심지가 되었다. 브레다 협정에는 또한 영국이 아카디아Acadia(미국 메인주의 섬)를 프랑스에 양도하고 대신 서인도제도를 프랑스로부터 양도받는 내용이 포함되어 있었다. 이것으로 향신료 전쟁 이야기 중 아메리카 부분은 끝났나 싶지만 아닌 것 같다. 한 세기가 지난 후 서인도제도의 그레나다Grenada라는 나라는 육두구의 주요 생산국이 되었다. 반다제도의 육두구 나무 씨앗이 그리도 멀리 옮겨 간 것이다.

네덜란드 동인도회사의 파산

우리 속담에 "해도 차면 기운다"라는 말이 있다. 승승장구하던 네덜란드 동인도회사가 그랬다. 해가 차고 기우는 게 하루 만에 벌어지는 일이니 200년 동안 지속됐던 동인도회사의 영화榮華에 비할 말은 아니지만, 무엇이든 영원할 수 없다는 뜻임은 분명하다. 네덜란드 동인도회사는 영국 동인도회사보다 2년 늦은 1602년에 설립되었다. 영국과 달리 주식회사 형태였으나 목적은 같았다. 스페인과 포르투갈이 100여 년 동안 많은 희생을 치르며 구축한 아시아 교역에 뛰어든 것이다. 그러고는 모든 것을 빼앗았다. 포르투갈이 주력한 품목은 인도의 향신료인 후추와 섬유, 비단 등이었는데 인도양을 넘어 동인도에 진출했다. 육두구와 정향의 보고 말루쿠와 반다로 나아갔고 기지를 말레이반도의 믈라카와 자바의 반텐, 그리고 바타비아(자카르타)로 옮겨 갔다. 네덜란드는 그곳을 기반으로 북쪽인 대만과 일본까지 활동 영역을 넓혔다.

바타비아와 말루쿠, 반다에서 영국과 치열하게 경쟁하다가 결국 영국을 몰아내고 최고의 황금기를 누렸다. 그 많은 이야기를 뒤로하고 1800년에 네덜란드 동인도회사는 파산 선고를 하고 역사의 뒤안길로 사라졌다. 그리고 회사를 네덜란드 정부에 넘겼다. 이후로 동인도회사가 아닌 네덜란드 국가의 식민 통치 시대로 넘어간다. 네덜란드 동인도회사의 퇴조는 유럽에서 힘의 균형이 바뀌는 시점과 맞물려 있다. 회사가 이익을 못 내면 자금 조달이 어려워지고 자금이 고갈되면 조직을 지탱할 수 없는 지경에 이른다. 오늘날의 경제 논리와 하나도 다를 게 없다. 네덜란드 동인도회사는 아시아의 방방곡곡에 기지를 둔 방대한 조직이었다. 자바의 바타비아, 말루쿠제도의 암본, 트르나테와 티도레, 반다제도, 수마트라, 순다제도에서 고용한 인원만 수백만 명에 달했다. 대만과 일본은 물론 아프리카 케이프타운에도 기지가 있었으며 이를 지킬 방대한 군사 조직도 유지했다. 수익 없이 이만큼 거대한 조직의 관리비를 어찌 감당하랴? 200여 년에 걸쳐 그토록 거대한 조직으로 성장하는 동안 내부적 균열도 일어났다. 중앙의 통제가 점점 어려워졌고 부패도 커져 있었다. 통제되지 않는 조직에는 비능률과 나태가 만연해진다. 그러니 생산성이 떨어질 수밖에 없다.

자본주의적 경제 사회에서 기업은 생산과 판매를 독점해 이익을 극대화하려고 한다. 즉, 경쟁에서 승리해 살아남기보다는 독점적 지위를 확보함으로써 경쟁을 배제하면서 에너지와 비용을 절감하려는 것이다. 이런 전략은 그럴듯하지만 매우 위험하다. 경쟁에서 살아남으려는 자는 노력한다. 내구력을 키우고 난관을 극복할 힘을 비축하지만 독점하는 자는 그런 노력을 기울이지 않는다. 난관에 취약하여 이를 극복하지 못하고 쉽게 허물어진다. 영국 동인도회사는 끝까지 살아남아 세계를 제패하고 '해가 지지 않는 나라'로 도약했지만 네덜란드 동인도회사는 파산했다. 바타비아와 암본, 반다제도와 스리랑카(실론) 등지에 누구도 얼씬 못 하게 만들면서 독점 체제를 구축했던 네덜란드 동인도회사가 속절없이 망해 버린 것이다.

6장

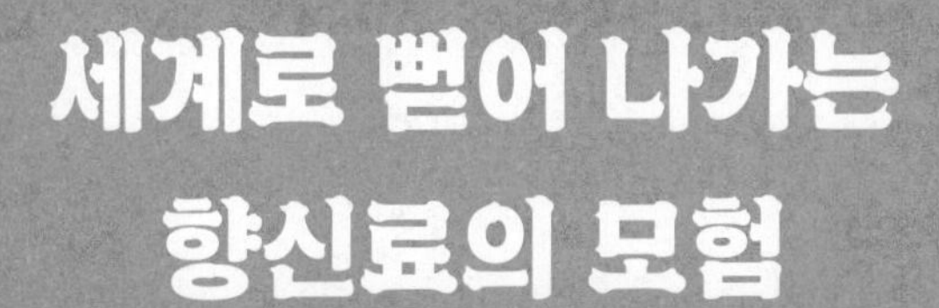

세계로 뻗어 나가는 향신료의 모험

종의 이동은 막을 수 없다

네덜란드 동인도회사는 반다제도의 런섬을 영국으로부터 취한 후 동인도의 말루쿠와 반다해, 자바의 바타비아에서 확실한 독점 위치를 점했다. 아메리카의 뉴암스테르담(맨해튼)을 영국에 떼어 주었다 하더라도 그깟 모피와 황금 알인 향신료의 가치를 어떻게 비교하랴? 그들의 속내는 다음과 같았으리라.

'모피 거래를 하면서 사납고 의심 많고 속 좁은 아메리카 원주민들과 힘겨루기 하는 것도 피곤하다. 유럽 각지에서 몰려와 너도나도 모피를 거래하겠다고 나대는 백인들을 보는 것도 피로하다. 유럽에서 사는 게 힘들어 식민지로 건너온 하층민들의 행태도 마음에 안 든다. 독일, 영국, 이탈리아, 스페인 등에서 온 온갖 국적의 사람들이 그렇다. 물론 네덜란드인도 많지만 가톨릭,

성공회, 루터파 신교도들도 지겹다. 하지만 동인도는 황금 알을 낳는 거위처럼 모든 향신료가 수백 배의 이익을 가져다준다. 네덜란드에서 데려온 하도급 자영업자들의 자질 또한 낮지만 법적으로 우리에게 통제할 권한이 있다. 매년 여러 명을 사형 선고하고 집행한다. 말을 안 듣는 자는 태형으로 다스릴 수도 있다. 우리는 노예를 거느리면서 품격 있게 산다. 우리의 신앙, 칼뱅교 교리를 지키며 구원의 삶을 산다.'

네덜란드 동인도회사는 육두구와 정향의 가격 안정화를 위해 출하량을 조절하는 데 온 힘을 다했다. 공급이 과잉되면 값이 떨어진다. 육두구와 정향나무를 자르거나 재고를 태워 버리기도 했다. 공급과 관련해 그보다 조심할 일이 또 하나 있었는데 바로 역외 반출이었다. 육두구나 정향 모종이 반출되어 말루쿠와 반다 외 지역에서 생산되면 큰일이다. 동인도회사는 모종 반출을 엄격히 관리해 이를 어기는 자는 사형에 처할 수 있도록 법령을 제정했다. 그러나 이는 인간의 힘으로 막을 수 없는 일이었다. 어느 동식물을 사람이 원산지 안에 묶어 둘 수 있을까? 오늘날 우리가 먹는 농산물의 원산지는 어디일까? 국내 생산품도 있고 수입품도 있다. 그렇다고 그 나라가 원산지일까? 심지어 우리나라에서 생산하는 농산물도 대부분 원산지가 따로 있다.

종種, species은 자유롭게 이동한다. 이와 관련하여 한국의 종을 한번 들여다보자. 내가 어릴 적에는 서울 종로5가에 많은 종묘사種苗社가 있었다. 흥농종묘, 중앙종묘, 서울종묘 등 수많은 종묘사가 한국의 농사에 쓰일 씨앗을 팔았다. 농사꾼은 씨앗을 사면서 농사 기술과 관련 정보를 얻었다. 농사꾼이었던 내 할아버지가 다림질한 흰 두루마기를 입고 행차하신다면 분명 읍내 종묘사로 가시는 길이다. 벼농사나 밭농사 작물인 무, 배추, 고추, 파, 감자 등은 일반적인 농산물이다. 종묘사에서 특히 시도를 권하는 품목이 있다. 담배, 개구리참외, 장아찌용 울외(오이와 참외를 섞어 놓은 듯한 모양의 박과 채소), 면화, 누에치기용 뽕나무, 부추, 가지, 오이, 토마토 등이 그렇다. 할아버지의 농사는 실제 사정을 잘 모르지만 대체로 늘 성공적이었던 것으로 기억한다.

할아버지는 씨앗을 종묘사에서 샀고 그들의 조언대로 농사를 지으셨다. 그 종묘사들이 있게 한 선인先人 중에 우장춘 박사가 있다. 그분은 우리 주식인 김치의 원료, 무와 배추의 종은 물론 제주 감귤, 강원도의 감자도 개량했다. 우리나라를 대표하는 육종학자로 역사에 기록된 인물이자 우리 후손이 두고두고 고마워해야 할 자랑스러운 선조다. 그런데 그로부터 덕을 입어 흥하던 우리나라 종묘사들이 20세기 후반부터 외국 자본에 팔려 나갔다. 세계에서 손꼽히는 대형 종자 회사는 독일의 바이엘(2018년 몬산토 인수)과 미국의 듀폰, 스위스의 신젠타를 인수한 중국의 켐차이나(중국화공그룹) 등이다. 1997년 외환 위기 때 우리나라 흥농종묘와 중앙종묘는 바이엘이 인수했고 청원종묘는 사카타, 서울종묘는 캠차이나가 인수했다. 외환 위기 때 살아남은 농우바이오는 농협으로 경영권을 넘겨 운영되고 있다.

우리나라는 종자 수입과 종자 사용료로 연 1500억 원을 지급한다. 그중 하나가 청양고추인데 이는 토종이 아니다. 종자 사용료를 주고 키우는 작물이다. 매년 그 종의 소유권을 가진 독일 회사에 사용료를 준다. 파프리카 종자도 네덜란드 회사에 소유권이 있다. 자랑스러워할 만한 일도 있다. 오늘날 종자 유전자 자원의 숫자는 대한민국이 세계 5위라고 한다. 미국, 인도, 중국, 러시아 다음인데 그 수가 약 27만 점이다.

종의 세계를 이야기하려면 끝이 없다. 내가 태국과 스리랑카에서 거의 주식처럼 먹던 파파야는 중앙아메리카 카리브해 지역이 원산지다. 대항해 시대 이후에 전래된 과일로 현재 최대 생산국은 인도다. 한국도 파파야를 생산한다. 심지어 인터넷 홈쇼핑에서도 살 수 있다. 그린 파파야(바로 먹을 수 없는 덜 익은 파파야)는 태국의 유명한 샐러드 음식인 솜땀의 주재료다.

미국과 중국에서 주요 과일로 터를 잡은 망고는 인도가 원산지다. 사과의 원산지는 중앙아시아다. 불과 1세기 전의 사과는 지금처럼 단맛 나는 과일이 아니었다. 진저리가 처지는 강산성의 신맛이 났다. 과일로 직접 먹기는 어렵고 술을 담그거나 식초로 썼다. 미국 서부 개척사에서 사과 종이 어떻게 도입되고 재배되고 또 산업화됐는지도 흥미로운 이야깃거리겠다. 다시 향신료 이야기로 돌아가 보자.

반다제도의 육두구와 말루쿠의 정향을 반출해 누군가 대량 재배에 성공하면 어떻게 될까? 한 세기 이상 독점하면서 돈을 벌어 온 네덜란드 동인도회사로서는 타격이 클 것이다. 당연히 눈을 부라리고 모든 방법을 동원하여 감시했지만 한계가 있었다. '종'은 이동하는 게 섭리다.

오늘날 육두구와 정향 생산지를 검색해 보자. 네덜란드 동인도회사가 사업을 접고 인도네시아의 통치권을 네덜란드 식민국에 넘긴 때가 1800년이니까 200년이 훌쩍 넘은 지금, 세계 곳곳에서 생산이 이루어지고 있다.

2023년 글로벌 육두구 생산량 상위 8개국 (자료: 트릿지 홈페이지)		
순위	국가	생산량(톤)
1위	인도	41,000
2위	인도네시아	40,600
3위	과테말라	36,400
4위	네팔	8,700
5위	스리랑카	4,300
6위	라오스	3,100
7위	부탄	1,700
8위	탄자니아	788

원산지 반다제도가 속한 인도네시아와 과테말라가 엇비슷한 수준이다. 국기에 육두구가 그려져 있을 정도로 한때 육두구 생산 대국이었던 그레나다는 순위권에 이름을 못 올리고 있다. 인도네시아 말루쿠해 트르나테섬과 티도레섬에서만 생산되던 정향은 오늘날 여러 나라에서 생산되고 있다. 생산 상위 국가를

2023년 글로벌 정향 생산량 상위 8개국 (자료: 트릿지 홈페이지)		
순위	국가	생산량(톤)
1위	인도네시아	109,600
2위	마다가스카르	10,986
3위	탄자니아	6,850
4위	스리랑카	3,950
5위	코모로	2,420
6위	케냐	1,800
7위	중국	1,200
8위	말레이시아	219

검색해 본다.

아직 정향은 인도네시아가 최대 생산국이다. 네덜란드 동인도회사가 그토록 엄격하게 묘목 이동을 단속했음에도 결과는 이렇게 되었다. 우리가 알고 있는 비슷한 예가 있다. 고려 말 문신 문익점이 원나라에 사신으로 갔다가 목화씨를 붓두껍에 몰래 넣어 가져온 이야기는 유명하다. 이후 조선에서도 면화를 심어 섬유 혁명이 일어났다. 그런데 여러 연구에서 문익점 이야기가 일부는 맞고 또 일부는 사실이 아니라고 한다.

문익점이 중국에서 목화씨를 가져와 이를 조선에 퍼뜨리고 그의 장인과 동생 등이 면실을 만들어 무명을 직조한 것은 누구나 인정한다. 그러나 붓두껍에 씨앗 몇 알을 몰래 숨겨 가져왔다는 극적인 이야기는 진실이 아니라고 역사학자들은 주장한다. 목화밭을 지나가다가 목화씨를 채취해 주머니에 넣어 가져왔고, 문익점 이전에도 조선에 면화가 존재했다는 기록도 있다는 것이다.

네덜란드가 동인도에서 향신료로 수 세기 동안 부를 구가했던 것처럼 영국이 인도에서 면직물로 부를 이루고 아시아에서 패권을 구가했던 것 또한 하나의 중요한 역사다. 면화는 영국뿐 아니라 미국 남부에도 큰 변화를 일으켰다. 오늘날 미국 흑인의 상당수는 버지니아 등지의 목화밭에 팔려 온 흑인 노예의 후손이다. 이야말로 민족 이동이 아니고 무엇인가? 지금부터 이야기할 육두구와 정향의 이동 과정 또한 극적이지 않을 수 없다.

향신료 도둑
피에르 푸아브르

피에르 푸아브르Pierre Poivre는 프랑스의 향신료 도둑이라고 일컬어지는 사람이다. 그의 종자 유출은 문익점과는 차원이 달랐다. 동인도와 인도양, 대서양을 누비며 중국, 베트남, 인도, 인도네시아의 바타비아, 티모르, 모리셔스, 세이셸을 두루 다니며 육두구와 정향의 묘목이나 씨앗을 도둑질하는 데 평생을 바쳤다. 그야말로 전 세계를 종횡으로 무진無盡하는 대하드라마였다.

그는 프랑스 리옹 출신으로 어릴 적부터 바다 건너 미지의 세계로 가서 모험적인 삶을 사는 꿈을 가지고 있었다. 잡화상을 하는 집안에서 태어난 그의 성姓 '푸아브르'는 불어로 '후추'를 뜻한다. 예컨대 인도에서 제조한 향신료 '가람 마살라'를 사서 포장지에 적힌 제품 구성 요소를 살펴보면 '푸아브르Poivre'라는 단어를 만날 수 있는데, 후추Pepper의 프랑스어 표기다. 이처럼 그와 향신료의 만남은 운명이었는지도 모른다. 그는 중년 이후 프랑스령 프랑스섬(지금의 모리셔스)의 관리 감독자로 부임해 아내, 세 자녀와 함께 살면서 세계에서 가장 아름다운 식물원을 만든 식물학자이기도 했다. 그는 네덜란드가 동인도제도에서 장악하고 있는 향신료인 정향과 육두구를 빼내 오기 위해 평생을 모험에 바쳤다. 그리고 결국 목적을 달성했다. 엄밀히 말해 말루쿠제도와 반다제도에서 육두구와 정향을 훔친 도둑이기는 했지만.

그가 어릴 적부터 염원했던 미지의 세계로 가는 길은 오직 하나, 해외 선교사가 되는 것뿐이었다. 그래서 신학교에 들어가 수도사가 되었고 해외 선교단에 합류했다. 21세 때 장기 선교 대항해 대열에 끼어 아시아로 갔다. 당시는 이유를 알 수 없는 항해 병이 만연했던 때라 푸아브르가 속한 항해 선단에서도 여러 사람이 도중에 사망했다. 비타민 결핍으로 생기는 끔찍한 병, 괴혈병도 당시에는 원인을 몰랐다. 푸아브르 일행의 목적지는 중국의 광둥廣東, 마카오, 코친차이나Cochinchina(프랑스가 점령한 베트남 남부 지역으로 지금의 호찌민 지역) 등이었는데 그의 선교 실적은 신통치 않았다. 외려 제사보다 잿밥에 더 관심이 많은 격으로 현지 식재료에 관심이 많았다. 쌀이나 각종 향신료에 매료되어 이를 관찰하고 연구하는 데 시간을 많이 보냈다.

결국 리옹의 선교회는 그를 소환했다. 프랑스로 돌아온 그는 수도사를 마다하고 프랑스 동인도회사에 입사했다. 제 갈 길

반다제도 론토르섬에 있는 육두구 나무를 묘사한 그림. 사람들이 긴 장대를 이용해 나무에 열린 육두구를 수확하는 모습이 인상적이다. 1830년경 그려졌다.

을 찾은 것이다. 당시 나이 25세였다. 그는 중국에 있을 때 네덜란드가 장악한 정향과 육두구에 관해 알게 되면서 뭔가 잘못되었다고 생각한 것으로 짐작된다. 그리고 목표도 어렴풋이 정했을 것으로 보인다. 아니나 다를까, 푸아브르는 식물 연구 자료를 모으기 시작했다. 그때까지 밝혀진 식물도감도 구하고 본격적으로 식물학을 공부했다. 그러고 드디어 동인도로 출항하는 회사 선박에 승선했다.

오랜 항해 끝에 동인도해에 진입했을 때 영국 군함을 만나 교전이 벌어졌다. 당시 프랑스와 영국은 전쟁 중이었다. 그는 총탄을 맞고 쓰러졌다. 팔에서 피가 솟구쳐 나오는 것을 보고 의식을 잃었다. 그가 깨어났을 때는 적국인 영국의 배 안이었다. 영국인 의사는 상처가 곪아 목숨이 위태로워질 것을 걱정하여 푸아브르의 팔을 절단했다. 그리고 네덜란드령 인도네시아 바타비아에 그를 내려놓았다. 그곳에서 치료를 받는 동안 활기찬 향신료 상거래 현장을 목격하고 놀랐다. 여러 나라의 배들이 바타비아항을 드나드는데 모두 향신료를 가득 싣고 있었다. 일본, 중국, 시암(태국), 벵골, 말라바르, 스리랑카, 수마트라 등의 배들을 볼 수 있었다. 무엇보다 네덜란드 상인들의 부유함에 놀랐다. 그들 대부분이 말루쿠의 정향과 반다제도의 육두구 거래로 큰 부자가 되었다. 그리고 네덜란드가 해당 작물들의 씨앗과 묘종의 역외 반출을 얼마나 엄격하게 통제하고 있는지도 알았다.

푸아브르는 잘린 팔을 치료하면서 바타비아에서 4개월간 머물렀는데 정향과 육두구 나무를 다른 곳, 특히 프랑스 점령지에 옮겨 심으면 커다란 부를 누릴 거라는 확신을 가졌다. 그러면서 자기가 속한 프랑스 동인도회사를 생각해 보았다. 무지하기 짝이 없는 우물 안 개구리이자 용기 없는 서생 집단이라는 생각이 들었다. 현지인들에게 들은 정보도 있었다.

"정향과 육두구가 꼭 저들이 장악하고 있는 곳에만 있는 건 아니라우. 말루쿠와 반다가 얼마나 큰 지역인 줄 아시우?" 푸아브르는 이제 그가 가야 할 길을 알았고 그 일에 목숨을 바치리라 다짐했다. 그것은 정향과 육두구 나무를 훔치는 일이었다.

그가 염두에 둔 프랑스령 식민지는 두 군데였다. 인도 남부 퐁디셰리Pondicherry와 프랑스섬(모리셔스섬)이다. 푸아브르는 식물학도로서 최대한 많은 식물 씨앗을 구해 프랑스섬으로 향했다. 과연 식물이 잘 번성할 수 있는 자연환경에 탄복하고는 현지 총독에게 제안했다.

"총독님, 여기 프랑스섬을 향신료의 섬으로 만들어 보시지요. 동인도제도의 말루쿠나 반다제도와 위도도 비슷하고 모두 화산섬 아니겠습니까? 총독님 의지만 있으시다면 제가 열심히 돕겠습니다. 네덜란드 동인도회사만 돈을 버는 건 불공정합니다."

"그런데 무슨 수로 육두구와 정향의 묘목을 가져오나? 그놈들에게 들키면 목숨조차 보전 못 할 형편인데?" 총독이 말했다. "제가 어떻게든 해내겠습니다. 도와만 주십시오." 푸아브르는 의지를 내비쳤다.

"일단 귀국해서 본사와 상의하게. 나도 도울 수 있는 데까지는 도울 테니까." 총독의 긍정적인 약속을 받고 푸아브르는 프랑스로 향했다. 그런데 귀환 도중 아프리카 서안인 앙골라 연안에서 폭풍우를 만나 배가 난파되었다. 네덜란드 배에 의해 일단 구출되었는데 그 뒤 영국 해적선에 넘겨져서 포로로 어느 섬에 갇혀 있다가 29세가 되는 1748년에야 간신히 프랑스로 귀국했다. 프랑스 동인도회사는 그를 코친차이나의 프랑스 기지 건설 현장에 파견했다. 덕분에 다시 퐁디셰리를 거쳐 프랑스섬으로 갈 수 있었다. 그는 필리핀 마닐라에 육두구와 정향이 있다는 소식을 듣고 대항해를 한 끝에 그곳에 도착했으나 사실이 아니었다.

허탕을 친 푸아브르는 마침내 1753년 마닐라 암거래상에게 몇 그루의 정향나무 묘목과 육두구 씨앗 5개를 구해 한 원예가에게 기르게 했다. 그런데 그만 재배법을 잘 몰라 싹이 트지 않았다. 1754년에 묘목과 씨앗을 구하러 다시 말루쿠로 갔는데 반다해에서 배의 상태가 나빠져 인도네시아 티모르까지 밀려 내려갔다. 티모르에서 3000개의 육두구 열매와 많은 식물을 구해 싣고 프랑스섬으로 귀환했는데 육두구 씨앗으로 알았지만 사실은 후춧과의 식물인 빈랑Betel이었다. 실제로 그 두 씨앗은 언뜻 매우 유사해 보인다.

1758년에 프랑스로 돌아갔을 때 푸아브르는 유명 인사가 되어 있었다. 정향과 육두구를 프랑스섬에 이식하지는 못했지만 시나몬, 후추 등의 향신료와 기타 열대 식물을 많이 가져와 심었기 때문이다. 이 일로 식물학계의 이목을 끌면서 학자로서 중요한 위치를 인정받았다. 프랑스 국왕 루이 14세는 그 공로를 치하해 작위를 하사했다.

신지식을 갈구하던 당시 유럽 사회는 지식인에 대한 존경심이 대단했다. 이는 수많은 생물학자, 식물학자가 출현하게 된 원동력이었다. 19세기 초 인류의 위대한 유산이 된 《종의 기원The Origin of Species》도 이런 분위기에서 탄생했다. 찰스 다윈Charles Darwin도 푸아브르처럼 세계 도처의 낯선 지역을 수없이 항해하며 동식물을 채취한 경험으로 《종의 기원》을 썼다. 푸아브르는 프랑스 과학 아카데미, 문학 아카데미, 예술 아카데미의 회원으로 선출되는 명예를 안았다. 팔 하나를 잃은 신체적 결함을 딛고 훌륭한 집안의 규수와 결혼도 했다. 1760년대 푸아브르는 프랑스섬과 부르봉섬(오늘날 레위니옹섬)의 정부 감독관(총독)으로 발령받아 부인과 함께 프랑스섬으로 갔다. 푸아브르 부인은 프랑스섬으로 간 최초의 유럽 여성이었다.

프랑스섬은 오늘날 모리셔스Mauritius공화국에 해당한다. 이곳 북쪽 지역에 시우사구르 람굴람Seewoosagur Ramgoolam이란 식물원이 있는데 바로 푸아브르가 만들었다. 지금의 이름은 프랑스섬이 영국으로부터 독립하여 모리셔스공화국 초대 총리의 이름을 딴 것이다. 이 식물원은 역사가 긴 만큼 여러 이름으로 불렸다. 몽플레지르Mon Plaisir는 푸아브르 관저가 있던 영지의 이름에서 유래했고, 영국 식민지 시절에는 왕립 식물원The Royal Botanical Garden이었으며 지금도 그렇게 부르는 사람들이 있다. 영국인들은 자국 식민지의 중요 시설에 유독 '로열Royal'을 붙였다. 군주에 대한 충성심의 발로인지는 모를 일이지만 골프장, 식물원, 공원, 심지어는 호텔에도 붙인다. '로열 골프장'은 말레이시아에도 있고 스리랑카 콜롬보에도 있다.

지금의 식물원에는 푸아브르의 반신상을 세워 그의 공적을 기념하고 있다. 푸아브르가 정향과 육두구의 묘목과 씨앗을 말루쿠와 반다제도에서 가져오는 일은 쉽지 않았다. 네덜란드 동인도회사가 엄하게 반출을 금하고 있어 공개적으로 불가능했다. 은밀한 밀수 이외에는 방법이 없었다. 이에 푸아브르는 수십 년간 노심초사하면서 현지에 도움을 줄 인맥을 만들어 두었을 것이다.

시우사구르 람굴람 식물원에 있는 피에르 푸아브르의 흉상. 네덜란드는 정향, 육두구 등 향신료 묘목이 반출되지 않도록 철저하게 관리하면서 독점 체제를 유지했다. 하지만 푸아브르의 헌신 덕분에 다른 지역에서도 재배가 가능해졌고 결국 네덜란드의 독점은 깨지고 말았다.

미국 작가 찰스 콘Charles Corn의 저서 《에덴의 향기The Scents of Eden》에는 이런 내용이 있다. "총독은 향료 섬에 준비해 놓은 것이 있었다. 그는 향료 섬의 정보를 수집하려고 쉼 없이 노력했다. 그 중 유용한 정보 하나는 말루쿠에 네덜란드가 잘 모르는 향신료 생산지가 있다는 것이었다. 트르나테섬 북서쪽에 작은 무인도가 있는데 정향나무가 풍성하게 자라고 있다는 것이다. 섬 이름은 미아오Miao라고 했다. 이곳은 네덜란드가 모르는 곳이다."

푸아브르가 말루쿠제도로 중형 군함 2척을 보냈지만 동행하지는 않았다. 그 2척의 배는 많은 양의 육두구 나무와 정향나무를 싣고 돌아왔다. 누구를 만나 어떻게 네덜란드의 눈을 피해 가져왔는지는 알 수 없다. 다만 프랑스 작가 장 마리 펠트Jean Marie Pelt의 저서 《향신료의 역사》는 말루쿠의 파타니섬 영주가 푸아브르의 파견단에 넘겨주었다고 기록하고 있다. 다만 '미아오섬'에 대한 언급은 없다. 구글 지도에서 검색해도 나오지 않는다. 너무 작은 섬이어서 표기가 불가능하지 않았는가 싶다. 여하튼 푸아브르는 그렇게 가져온 씨앗과 묘목을 아프리카 동부 모리셔스섬뿐 아니라 마다가스카르섬 동쪽 레위니옹섬과 아프리카 동부 인도양의 세이셸섬, 그리고 남아메리카의 프랑스령 기아나에 보내 재배토록 했다.

그 결과 1778년 12월 7일, 모리셔스섬에서 프랑스산 육두구 수확물을 프랑스 왕 루이 16세에게 헌정해 보내는 배의 출항식이 열렸다. 푸아브르가 프랑스로 돌아온 지 4년 후인 1779년에는

30그루의 정향나무에서 약 16만 개의 정향을 수확했고 이로부터 10년 후에는 다른 프랑스령 지역에 1만 146그루의 묘목을 배포했다. 그러나 푸아브르가 퍼뜨린 정향과 육두구가 값을 대폭 낮출 정도로 유럽 시장에 영향력을 미치지는 못했다. 푸아브르의 '향신료 도둑질'이 네덜란드의 독점을 무력화하는 데 상징적 효과가 있었음은 분명하지만, 향후 향신료 생산지를 확대하는 실제적 주인공은 따로 있었다. 바로 영국이었다.

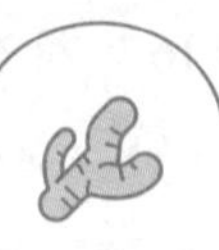

결국 향신료 제도를 차지한 영국

그러면 이제 네덜란드 동인도회사가 파산하고 모든 소유 재산과 부채를 떠안은 네덜란드 정부 쪽의 사정을 살펴보자. 어찌 되었던지 정향과 육두구의 산지 말루쿠와 반다제도에는 네덜란드가 상당한 군사 조직을 갖추고 있었다. 자바의 바타비아 지역도 마찬가지였는데 본국에 정치적 변화가 생기면서 이곳도 소용돌이에 휘말렸다.

스페인의 지배를 받던 저지대 7개 주 사람들은 1581년 독립 전쟁을 통해 새로운 나라를 건설했다. 바로 네덜란드공화국이다. 그러다 1795년 바타비아공화국이 되는데 이는 프랑스 혁명의 여파였다. 프랑스에서 혁명으로 봉건 왕조가 무너지자 다른 유럽의 봉건제 왕국들이 공적이 되었다. 위협을 느낀 프랑스가 선수를 잡아 이웃 나라인 네덜란드를 공격해 점령하고 바타비아 공화국이라는 괴뢰 정권을 세웠다. 나폴레옹 보나파르트는 바타비아공화국과 동맹 관계였기에 네덜란드 땅은 당시 프랑스와 대치하던 영국의 전쟁 상대가 되었다. 영국의 식민지 확대 정책이 최고조에 달해 있던 시기였다. 영국은 세력이 약해진 네덜란드령 식민지를 공격하여 자국의 식민지로 편입하고자 했다. 네덜란드령 식민지는 세계 곳곳에 있었다. 아프리카, 스리랑카, 서인도제도와 모리셔스제도에도 있었지만 가장 중요하고 큰 지역은 동인도의 자바와 말루쿠였다. 영국으로서는 한 세기 반 전에 네덜란드로부터 씻을 수 없는 치욕을 당하며 처참히 쫓겨난 회한의 지역이다.

동인도제도 공략은 1809년 인도 식민지 총독이던 민토 경 Earl of Minto이 개시했다. 민토는 동인도의 2개 부대를 조직해 말루쿠와 반다에 투입했다. 제1군은 에드워드 새커리 대령을 사령관으로 하고 마드라스연대 유럽인 부대와 포병 400명으로 조직해 암본과 트르나테 점령을 목표로 했다. 제2군은 반다제도의 네이라섬 점령을 목표로 하는데 이곳은 좀 더 신중히 작전을 세워야 했다. 그래서 경험이 풍부한 전략가 크리스토퍼 콜Christopher Cole 대령이 지휘하고 36포의 프리깃함 캐럴라인Caroline호와 피에몬테즈 Piemontaise호, 18포의 슬루프선Sloop(소형 범선)과 12포의 운반선으로 무장했다. 그리고 2명의 지휘관 찰스와 리처드 대령이 참가했다. 병력은 100명의 마드라스연대 유럽인 부대와 왕립 해병대 20명,

그리고 2개 포병대가 참가했다.

제1군은 2군에 앞서 1809년 10월 인도 동부 연안 도시인 마드라스(현재 첸나이)에서 출발하여 이듬해 2월 인도네시아 동부 암보이나에 도착한 뒤 곧바로 공격을 개시했다. 함포 사격으로 부두에 있던 3척의 네덜란드 배가 침몰하자 기세에 눌린 네덜란드 총독은 항복했다. 영국 측은 단지 3명의 사상자만 있을 뿐 피해가 거의 없었다. 네덜란드는 250명의 유럽인과 1000명의 자바 병사 모두 무기를 내려놓고 항복했다. 스펜서 대령이 이끄는 사마랑Samarang호는 곧바로 반다해로 남하해 아이섬 공략에 나섰다. 아이섬은 그 유명한 리벤지 요새가 있는 곳이다. 네덜란드 상선으로 위장한 사마랑호는 곧바로 섬에 상륙해 무혈입성했다. 섬의 네덜란드 지휘관은 자살했다. 그리고 우연히 들른 네덜란드 선박을 나포했는데 여기에는 의사와 간호사, 그리고 현금이 있었다. 다음으로 점령한 곳은 근방의 런섬이었다. 이곳 역시 저항 없이 무혈점령했다. 그 후 제2군은 암본에 있던 네덜란드의 군대 전부를 자바로 쫓아내고 근처의 기지를 모두 점령했다.

한편 제2군 콜 대령이 이끄는 캐럴라인호는 1810년 8월 9일 반다해의 네이라가 눈에 들어오는 위치에 도착해 섬의 동정을 살폈다. 네이라에는 2개의 유명한 요새가 있었다. 전망이 최적인 곳에 벨기카 요새가 있고 그 밑에 나사우 요새가 위치했는데 주위에 고랑을 파 놓고 침공에 대비하고 있음을 알 수 있었다. 예측한 대로 700명의 정규 유럽인 병력, 800명의 원주민 병력이 있음을 확인했다. 어두워진 후 섬으로 접근하기로 했다. 소형 보트로 소리 없이 접근해 새벽이 오기 전 부두 안으로 들어가 강력한 방어 포인트인 벨기카 요새를 점령하는 작전에 들어갔다. 100명의 소규모 부대를 조직하고 질풍처럼 접근해 사각형의 요새를 순식간에 점령했다. 깜짝 놀란 네덜란드군은 저항 한번 못 했다. 반대편에 상륙한 병력은 나사우 요새에 숨 쉴 새 없을 정도로 포격을 가해 요새를 산산조각 냈다. 작전이 끝났을 때 콜의 군대는 단 한 명의 희생도 없었다. 네덜란드가 무력한 처지임을 확인한 콜은 항복을 주문했다.

네덜란드가 항복하면서 말루쿠와 반다제도는 영국 통치하에 들어갔으며 찰스 대령은 반다의 총독으로 임명되었다. 이곳의 승리 모델은 다음 해인 1811년 자바 공략에 이용되었다. 자바 공략 작전은 콜 대령이 주도했다. 콜 대령은 귀국 후 기사 작위와 '영예의 훈장Minted Medal'을 받았다. 옥스퍼드대학교로부터 명예 박사 학위를 받았으며 그 후 의회에 진출했다.

전 세계에 퍼진 향신료 재배

1811년 영국이 자바를 점령했다. 네덜란드 식민지 바타비아의 본거지를 점령한 것이다. 당시 영국 동인도회사의 총사령관은 토머스 스탬퍼드 래플스 경Sir Thomas Stamford Raffles이었다. 이후 그는 자바 총독 대행으로 임명되어 자바에서 가장 강력한 토착 세력인 족자카르타Yogyakarta를 공격해 점령하기도 했다. 족자카르타는 인도네시아의 특별자치구로 욕야카르타, 또는 족자라고도 불린다. 자카르타와 발리섬의 중간 정도 되는 지점에 있는데 인구는 약 160만 명이다.

인도네시아의 경주慶州라고 할 수 있는 고대 문명의 중심지이며 불교, 힌두, 이슬람 문화 유적이 공존하는 곳으로 오늘날 발리섬과 함께 각광받는 관광 명소다. 보로부두르 불교 사원과 프

토머스 스탬퍼드 래플스의 초상화. 19세기 초 동인도제도에서 영국의 세력이 확대되는 데 크게 기여했으며 특히 싱가포르에서는 건국의 아버지로 높이 평가받고 있다.

람바난 힌두 사원이 특히 유명하다.

래플스 경은 오늘날 싱가포르에서 건국의 아버지로 추앙받는 사람으로 곳곳에 그의 발자취가 넘쳐 난다. 1819년에 그가 최초로 싱가포르에 발을 디딘 '래플스 상륙지'에는 팔짱을 낀 그의 동상을 볼 수 있다. 그리고 빅토리아메모리얼홀 앞에도 호기롭게 서 있는 흰색 석상을 볼 수 있다. 또한 싱가포르 명소 중에는 그의 이름을 딴 곳이 많다. 래플스 호텔, 래플스시티, 래플스칼리지, 래플스 병원, 래플스플레이스, 래플스 거리 등이 그렇다. 싱가포르 사람들이 식민지 총독을 왜 그렇게 추앙하는지 의심스러울 지경이다.

토머스 스탬퍼드 래플스는 1819년 1월 28일에 최초로 싱가포르에 발을 디뎠다. 사진은 싱가포르강 하류 지역 '래플스 상륙지'에 세워진 그의 동상.

그는 수마트라 서해안 영국 식민지 벤쿨렌Bencoolen의 총독이었다. 1819년, 싱가포르에 상륙하여 현지 술탄과 영국의 통치를 두고 조약을 맺었는데 이는 향후 싱가포르 건국의 지침이 되었다. 자유 무역항으로 개발한다는 것, 거주인들을 민족에 따라 재배치하는 것(말레이인, 중국인, 인도인, 영국인 등), 법원 설립으로 치안 체계를 세우는 것, 노예제를 금하는 것 등이 그 내용이다.

1986년에 준공한 래플스시티는 싱가포르의 랜드마크이자 복합 상업 시설이다. 쇼핑센터와 2개의 호텔, 컨벤션 센터와 유명 식당들이 들어차 있다. 이 건물은 한국 쌍용건설이 지었는데 동남아시아에 진출한 수많은 한국 건설 회사들에 모범이 되는 대표적인 상징물이다. 나와 가까운 친구들이 이 현장에서 일했었고 그곳에서의 시공 경험은 훗날 그들 인생에 큰 영향을 끼쳤다.

래플스는 유능한 정치가였지만 식물학자로서도 유명했다. 인도네시아 보고르Bogor에 세계적인 식물원이 있다. 그의 첫째 부인 올리비아가 열병으로 사망했을 때 실의에 빠져 있다가 그녀의 기념비를 세우고 식물원을 대대적으로 재정비했다. 자카르타에서 남쪽으로 60킬로미터 떨어진 곳에 위치한 보고르 식물원은 내가 가 본 곳 중 최대 규모였다.

영국은 네덜란드를 몰아내고 말루쿠와 반다를 점령했다. 2세기가 넘는 세월 동안 네덜란드가 전력을 다해 방어했던 그 지역, 정향의 트르나테와 티도레, 그리고 암본, 반다제도의 모든 섬의 육두구가 지금 영국인들 손에 들어온 것이다. 그렇다면 이제 영국인들이 해야 할 일은 무엇인가? 영국은 실상 이곳을 영원히 점령하고 식민지로 삼을 생각이 없었다. 향신료는 이미 황금 알을 낳는 거위가 아니었다. 가격도 많이 내려가고 새로운 향신료들이 발견되어 음식 조리법도 달라진 상황이었다. 영국은 향신료 말고도 돈벌이가 될 상품들을 개발하고 있었다. 언젠가는 이 지역을 떠날 것이니 영국이 해야 할 일은 명확했다.

바로 그들의 식민지에 정향과 육두구를 옮겨 심는 것이었다. 우선 영국이 확실히 장악하고 있는 말레이반도가 고려됐다. 싱가포르의 래플스 총독은 이를 잘 알고 있는 정치가이자 식물학자였다. 그는 사업자에게 농장을 조성할 부지와 자금을 마련해 주는 등 적극적으로 지원했다. 그 결과 싱가포르와 피낭섬이 새로운 향신료 허브가 되었다. 피낭섬은 래플스가 자바의 총독 대리인이 되기 전에 근무했던 곳으로 현지 사정을 잘 알고 있었다.

이로써 네덜란드의 동인도 향신료 독점이 무력화됐다. 향신료 재배지는 세계 여러 열대 지역으로 퍼져 나갔다. 한때 동인도에서 수모를 당했던 영국도 1825년쯤부터 자국 식민지인 싱가포르와 피낭에서 향신료를 생산하며 새로운 강자가 되었다. 육두구는 래플스가 총독으로 있는 수마트라 서쪽 벤쿨렌으로 옮겨 갔고 스리랑카와 서인도제도의 그레나다로도 옮겨 갔다. 프랑스의 모리셔스섬 재배지는 아프리카 잔지바르로 이식되었다. 19세기 중반에는 아프리카 동안의 잔지바르가 세계 3위의 정향 생산량을 기록할 정도였다. 당시 1위는 말레이의 피낭이었고 2위는 정향의 고향인 암본이었다.

기원전부터 페르시아와 아라비아의 상인들이 동방 어딘가에 있다는 신비의 섬을 찾아다녔다. 신비의 향을 뿜어 대는 꽃봉오리를 찾아 모험을 감행하던 《아라비안나이트》에 등장하는 전설 속 섬들이 현실에도 있으리라고 생각했다. 동방보다 문명이 미개하던 유럽인들도 훗날 신비의 섬을 찾아 나섰다. 수많은 목숨을 담보로 항로를 개척한 그들은 천신만고 끝에 그곳을 찾아냈다. 그러고는 서로 꽃봉오리를 차지하려고 200년 이상 피의 공방을 주고받았다.

오랜 시간 수많은 이가 찾아 헤매던 신비의 섬은 바로 인도네시아 말루쿠제도의 트르나테와 티도레였다. 포르투갈의 페르디난드 마젤란과 영국의 프랜시스 드레이크가 이 꽃봉오리를 찾으려고 지구를 한 바퀴 돌았다. 그들의 대항해의 끝에 신기루처럼 솟은 화산 봉우리 2개가 나타났다. 그 후 트르나테와 티도레섬은 정향의 본향으로서 유럽인들에게 향신료를 제공했다. 그곳에 가기 위해 혹은 그곳을 빼앗거나 지키기 위해 포르투갈, 스페인, 네덜란드, 프랑스, 영국의 많은 사람들이 대서양, 인도양, 태평양에서 목숨을 잃었다.

그로부터 수 세기가 지났다. 이제 아름다운 꽃봉오리를 키워 내는 정향나무는 고향을 떠나 세계 곳곳으로 이식되었다. 꽃은 그곳에서도 여전히 향기롭다. 심지어 내가 근무했던 회사가 위치한 스리랑카 켈라니야 강가의 사택 정원에서도 꽃을 피웠다. 어제 점심으로 요리해 먹은 볶음밥에 넣었던 정향이 어디에서 온 것인지 구태여 알아보지는 않았다. 알아보려고 해도 알 수 없었을 것이다.

부록

알면 알수록 더 향긋해지는 향신료 이야기

수정과 속 계피는 시나몬일까, 카시아일까

오래전부터 성서에서는 육계肉桂와 계피桂皮를 구별했다. 영어로 된 성경에서 육계는 '시나몬Cinnamon'이고 계피는 '카시아Cassia'로 나온다. 그러면 시나몬과 카시아는 같은 것인가, 다른 것인가? 한국에서는 시나몬이든 카시아든 '계피'로 통칭한다. 성서의 육계는 실론(현재 스리랑카)에서 생산되는 시나몬을 말하고, 계피는 중국에서 생산되는 카시아를 말한다. 그래서 유럽에서는 보통 시나몬 하면 실론 시나몬으로 통한다. 한국인이 수정과라는 음료를 만들 때 쓰는 계피는 바로 카시아다. 이 둘은 종種이 다르다. 식물 분류학으로 볼 때 목目-과科-속屬은 같은데 종種에서 갈라진다. 학명은 중국 계피가 'cinnamomum cassia'고 실론 계피는 'cinnamomum verum'이다. 이 두 종은 완벽하게 달라 합성 교배조

실론 시나몬(왼쪽)과 중국 카시아(오른쪽).

차 이루어지지 않는다. 그러면 생김새와 맛은 어떤가? 둘 다 나무껍질을 쓴다. 육두구와 후추는 씨다. 정향은 꽃인데 활짝 피기 전 봉오리 상태로 채취한다.

다른 향신료들은 어떨까? 사프란Saffron은 활짝 핀 꽃이고 쿠민Cumin, 카다몬Sardamon은 씨다. 코리앤더Coriander(고수)는 식물 전체가 쓰인다. 이파리, 뿌리, 줄기, 씨앗이 모두 향신료 재료다. 바질Basil과 로즈메리Rosemary도 잎이고 고추는 열매다. 이들 향신료와 달리 특이하게도 시나몬과 카시아는 나무껍질Bark이다. 둘 사이에 다른 점이 있다면 시나몬은 얇고 부스러지기 쉬운 속껍질Inner Bark이고 카시아는 쉽게 바스러지지 않는 두껍고 단단한 속껍질Thick Bark이다. 맛은 어떤가? 둘 다 특별한 계피 향이 나는데 시나몬은 단맛이 강하고 부드러운 향이지만 카시아는 매운맛이 섞인 강한 향이다. 그래서 수정과를 만들 때 너무 많이 넣으면 맵다고 불평을 살 수도 있다. 단맛은 시나몬만큼 많지는 않지만 그래도 상당하다.

유럽의 식음료에는 대개 시나몬만 쓴다. 막대 형태일 때는 시나몬과 카시아의 구분이 쉽지만 분말 형태에서는 구분이 어렵다. 카시아가 좀 더 짙은 갈색이지만 향신료를 잘 아는 사람이나 차이를 구분할 수 있다. 하지만 막대 형태일 때는 딱 봐도 서로 다르다. 카시아는 두툼한 한 겹의 껍질이 도르르 말린 형태다. 시나몬은 얇은 껍질 여럿이 겹겹으로 채워진 형태다. 값에서는 차이가 훨씬 많이 난다. 한국의 인터넷 쇼핑몰만 살펴봐도 막대든 분말이든 시나몬이 카시아보다 10배 이상 비싸다.

오늘날 카시아는 중국보다는 베트남과 인도네시아에서 더 많이 재배한다. 한국에 들어오는 계피는 대개 베트남 카시아다. 가격이 싸기 때문이리라. 그러나 카페나 고급 제과용은 실론 시나몬을 써야 고품질을 유지할 수 있다. 텔레비전에서 방영되는 음식 프로그램에 등장하는 이탈리아와 프랑스 셰프는 레시피를 소개할 때 실론 시나몬만 쓴다고 강조한다. 실론 시나몬의 다른 이름은 트루시나몬True Cinnamon이다. 우리말로 번역하면 '진짜(참) 시나몬'쯤 되겠다. 그러면 실론 시나몬이 아닌 카시아는 가짜란 말인가? 유럽 쪽에서 보면 그럴 수도 있겠으나 미국이나 한국, 일본에서는 이를 받아들이기가 쉽지 않다. 싸구려 계피라고 치부하는 것까지는 수긍하겠지만 '가짜'라니!

조선 시대에서는 실론 시나몬을 접할 수 없었기에 계피는 무조건 중국 카시아를 사용했다. 서양보다 음식에 계피를 사용하는 일이 적었고 음료나 약재로만 사용했으니 중요한 식재는 아니었다. 다만 카시아의 쿠마린Coumarin이라는 성분은 조심해야 한다. 무색의 고체 화합물로 과용하면 간과 신장에 좋지 않다. 그래서 유럽의 건강 진단 기관에서는 카시아의 과다 섭취를 경고하고 대신 쿠마린 성분이 없는 실론 시나몬 사용을 권유한다. 미국의 수입 절차에서 시나몬 수입 시 '실론 시나몬'과 '카시아 시나몬'을 구분해 표시하도록 하고 있으며 유럽은 카시아를 '시나몬'으로 표시할 수 없도록 규정하고 있다. 한국의 한 한의사는 카시아로 수정과 등의 음료를 만들 때, 특히 막대 형태 그대로 쓸 때는 한 번 끓이고 나서 그 물을 버린 후 다시 끓이기를 권유한다. 아마도 쿠마린 함량을 줄이려는 조치로 보인다. 하기야 그러면 톡 쏘는 매운맛도 좀 순화되리라.

내가 처음 실론의 시나몬을 대했을 때가 기억난다. 지금으로부터 수십 년 전 스리랑카에 도착한 지 얼마 안 되었을 때 타밀족 운전사와 한적한 산지를 지나고 있었다. 주변에 잡목이 듬성듬성 있는 야산 같은 곳이었는데 운전사가 느닷없이 나뭇가지 하나를 꺾더니 껍질을 벗겨 질겅질겅 씹기 시작해 내가 물었다. "뭐야 그게? 먹는 거야?" 운전사가 씩 웃으며 가지 하나를 더 꺾어서 나한테 주었다. 나는 곧 어떻게 하는지 알아차렸다. 나도 소싯적에 해 보아서 잘 안다. 송기松肌(소나무의 속껍질)! 동무들과 함께 뒷산에서 소나무 가지를 부러뜨려 겉껍질은 벗겨 내고 속껍질을 씹어 먹었던 경험이 있다. 부드럽고 달착지근한 맛으로 기억한다. 그가 건넨 나뭇가지의 겉껍질을 훑어 내고 속껍질을 혀로 맛보았는데 그만 "헉" 소리를 내뱉을 정도로 맛이 강했다. 송기와는 천양지차天壤之差의 화려하기 그지없는 맛이다. 설탕만큼 달고 향도 코를 찌르듯 강했다. 수정과를 마실 때 나던 향의 100배는 족히 될 듯하다. 시나몬! 나는 드디어 계피라고 알고 있던 시나몬을 생식生食한 것이다. 시나몬의 원산지 실론에서.

세계 3대 향과 성서 속 향료

고대로부터 전해지는 세계 3대 향이 있다. 용연향龍涎香, 사향麝香 그리고 침향沈香이다. 용연향은 향유고래의 토사물 또는 똥이다. 특히 대왕문어를 먹은 뒤 소화를 못 시키고 토한 물질이다. 바다에 떠다니면서 햇빛에 단단히 굳어 마치 돌덩이 같다. 사향은 수컷 사향노루의 생식샘 부근에 있는 향낭에서 만들어진다. 침향은 침향나무의 수지樹脂가 침착되어 만들어진다. 침향나무는 팥꽃나무과의 아킬라리아Aquilaria 속의 나무로 아가우드Agarwood라고도 한다. 이 침향나무에 곤충이나 동물이 상처를 내면 향을 머금은 수지가 감염된 부분을 감싸는데 이것이 오랫동안 굳으면서 나무 일부가 된다. 수지 침전목은 물에 가라앉을 정도로 무거워 '가라앉는 향물', 즉 침향이라고 한다.

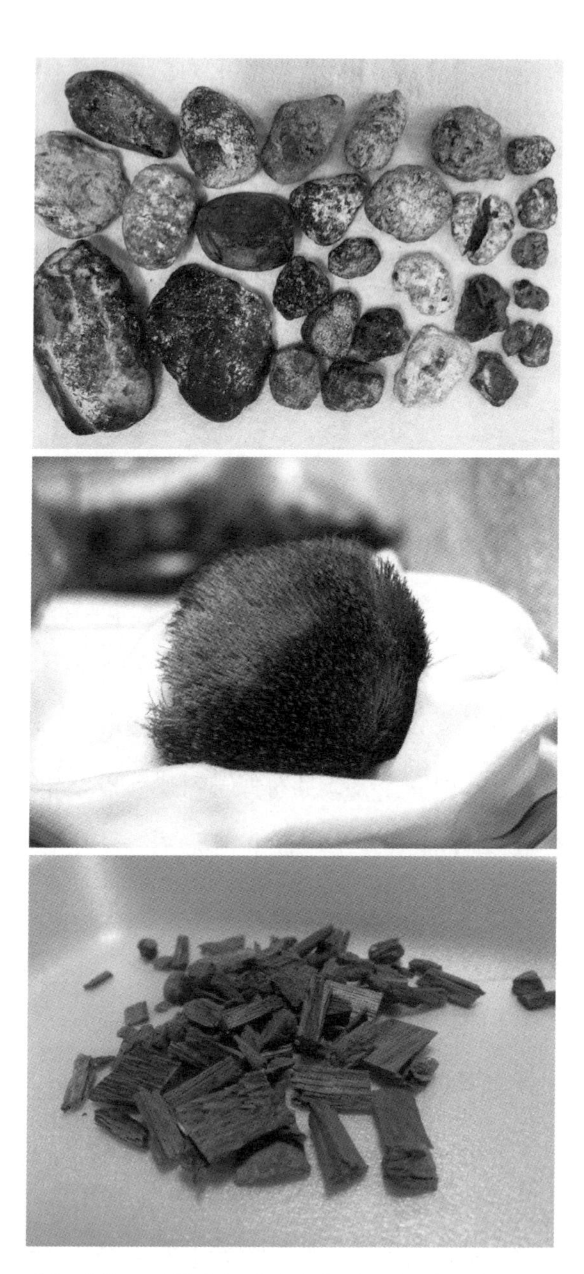

세계 3대 향으로 일컬어지는 용연향(위), 사향(가운데), 침향(아래)의 모습.

침향나무는 중국, 베트남, 캄보디아, 인도네시아에서 자생하고 서쪽의 인도, 파키스탄, 아프가니스탄에서도 자란다. 침향은 중국과 우리나라에서 예로부터 약재로 써 왔으며 지금도 공진단, 침향환 등 건강 보조 식품의 재료로 쓰인다. 아가우드, 즉 침향나무는 '신의 나무'라고 불리는데 여기서 나는 침향은 매우 얻기 힘들었고 그만큼 값이 비쌌다. 침향나무의 2퍼센트만이 자연 침향을 만든다니 희귀할 수밖에 없다.

침향 채취를 위해 5~10명이 한 팀을 이루어 침향나무 숲으로 들어가는데 15~20일 동안 하나도 못 찾고 빈손으로 돌아오는 경우가 허다하다고 한다. 한국의 산삼 채취와 비교할 때 어느 것이 확률이 높을지는 알 수 없다. 침향 채취를 하다가 폭우나 야생동물을 만나 목숨을 잃기도 했다. 지금은 자연적으로 생성된 침향나무숲이 없어 베트남, 인도네시아 등지에서 인공적으로 침향을 생산한다. 그래서 자연산의 값이 인공 침향보다 100배는 더 나간다고 한다.

사향과 침향은 인공 생산이 가능하지만 용연향은 그럴 수가 없어 가격이 비싼 게 아닌가 생각된다. 용연향을 인터넷 쇼핑몰에서 검색해 보았다. 유명 쇼핑몰 사이트인 태국 이베이ebay에서 30그램짜리 잘생긴 용연향이 약 25만 2000바트(약 972만 원)였다. 킬로그램 단위로 환산하면 3억 2000만 원을 호가한다. 구글 검색에서도 킬로그램당 5000만 원 정도로 나온다. 향유고래 토사물은 처음에는 검은색을 띠는데 악취가 심하다고 한다. 그러다 바

향유고래는 용연향을 얻으려는 인간의 욕심 때문에 오랫동안 사냥되었고 멸종 위기에 몰려 1985년에 포획이 전면 금지되었다.

다에 떠다니면서 햇볕을 쬐면 색이 엷어져 흰색에 가까워지고 딱딱하게 굳어 돌멩이처럼 보인다. 바닷가를 거닐다가 이것을 주우면 횡재나 다름없다. 실제로 그런 사람의 수가 상당하다고 한다.

사향노루의 학명은 'moschus moschiferus'로 몸통 길이는 70~80센티미터, 키는 1미터, 몸무게는 10킬로그램 전후인 동물이다. 암수 모두 뿔이 없다. 우리나라에도 살지만 멸종 위기 종이라 국내에 유통되는 사향은 대부분 러시아 시베리아산이다. 사향을 품은 수컷은 긴 어금니가 돌출되어 있어 식별이 쉽다. 사향은 향수의 중요한 원료로 쓰인다.

사향노루 또한 향유고래와 마찬가지로 인간의 탐욕 때문에 멸종 위기에 처했다. 국내에서는 1968년에 천연기념물로 지정되어 보호되고 있다.

성서聖書에는 많은 향료가 등장한다. 구약 성서의 《출애굽기》에 제례용 향료 이야기가 나온다. 다윗과 솔로몬이 썼다고 전해지는 《시편》《잠언》《아가서》 등에는 사치스러운 치장 용도로 쓰이는 향에 관해 장황하게 설명한다. 여기서 잠깐 소개한다.

"왕의 옷은 몰약과 침향과 육계의 향기가 있으며 상아궁에서 나오는 현악은 왕을 즐겁게 하도다(《시편》 45장 8절)." "내 침상에는 화문요와 애굽의 문채 있는 이불을 폈고 몰약과 침향과 계피를 뿌렸노라(《잠언》 7장 16절)."

신약 성서 《요한복음》에서 예수의 신체 방부를 위한 향료와 동방박사의 아기 예수 탄신 예물이었던 향료가 기술되어 있다. 같은 향료라도 유럽과 중동, 동아시아에서의 쓰임새가 서로 다르게 발전해 왔다는 점은 흥미롭다. 동아시아에서는 약용으로, 유럽 사회에서는 향수로, 중동에서는 종교적 의미로, 서아시아에서는 음식에 쓰이는 향신료로 발전해 온 것 같다. 쓰임새가 한정되었다기보다는 대체로 경향이 그렇다. 서남아시아의 카레Curry는 그야말로 향신료 범벅이다. 유럽은 우리가 향수라고 일컫던 화장품의 본향이 되었다. 중국의 《본초강목》, 조선의 《동의보감》에는 숱한 향료가 사람의 병을 다스리는 약재로 기술되어 있다.

유대교와 이슬람교의 제례祭禮에는 향료를 태우고 기름을 부어 신께 봉헌奉獻한다. 《출애굽기》에는 제례용으로 육계, 계피, 창포로 관유灌油를 만들라고 했으며 소합향, 나감향, 풍자향을 유향乳香과 섞어 향을 만들라고도 했다는 기록이 있다. 《민수기》《시편》《잠언》《아가서》 등에서도 침향목, 백향목, 몰약, 육계, 계피, 창포, 유향 등이 언급된다. 《요한복음》에는 니고데모가 예수의 장례를 위해 몰약沒藥, 침향을 섞어 만든 것을 가져왔다는 대목이 있다.

성서에 향료로 많이 언급된 유향과 몰약은 당시 아라비아반도에서 많이 났다. 유향은 감람과의 유향나무Boswellia 수액이 굳은 것이다. 몰약은 감람과 발삼나무의 수액이다. 보스웰리아는 유향나무를 뜻하지만 때로 유향 자체를 지칭하기도 한다. 그래서 인터넷 쇼핑몰에서 유향 관련 제품을 찾을 때 보스웰리아로 검색해도 된다. 유향나무는 8~10년 정도 성장한 나무에서 1년에 두세 번 채취한다. 동아프리카 소말리아에서 많이 나는데 일찍이 로마의 교회에 납품할 만큼 질이 좋았다고 한다. 고대 그리스의 역사가 헤로도토스가 쓴 책에도 유향이 나온다. 그는 그것이 남아라비아반도의 나무에서 얻는다는 걸 알고 있었다. 그런데 오늘날 유향나무는 멸종 위기다. 과잉 채취 후유증이라고도 하고 다른 수익성 있는 농작물로 대체되기 때문이라고도 한다. 오늘날 유향은 소말리아, 인도, 오만, 예멘 등지에서 생산된다.

몰약은 노란색과 적갈색이 섞인 물질로 쓴맛이 나지만 향이 좋다. 가시가 많은 관목인 콤미포라Commiphora라는 나무의 수지가 굳은 것으로 향수나 약품 원료로 쓰인다. 예전에는 포도주에 타서 마시기도 했다고 한다. 소말리아, 예멘, 오만뿐 아니라 동아프리카의 에티오피아와 에리트레아Eritrea, 그리고 사우디아라비아에서 난다. 중국에서는 항균 작용이 있다 하여 살충제와 구내 청결용 양치액, 치약, 치분齒粉으로 만들어 썼다.

옛 성서에 등장하는 유향과 몰약은 아라비아와 아프리카가 원산지이니까 이해하기가 어렵지 않은 일이나 육계와 계피는 정말 미스터리다. 다윗과 솔로몬이 살았던 시대는 기원전 약 1000년 전이다. 육계는 스리랑카와 인도 남부에서 나는 것이고 계피는 중국에서 나는데 그 먼 옛날에 이집트와 예루살렘까지 어떤 경로로 전달되었는지 실로 이해하기 난감하다.

만병통치약(?) 멘소래담과 호랑이 연고

향초香草는 말 그대로 향기가 나는 풀이다. 그 이름을 다 열거하기도 벅찰 만큼 많은 종류가 있으나 박하Mint, 薄荷만큼 쓰임새가 많은 향초도 없을 것이다. 박하의 식물 분류 체계는 속씨식물문門-쌍떡잎식물강綱-꿀풀목目-꿀풀과科-박하속屬-박하종種이다. 선사시대부터 지금까지 그 쓰임새가 다양했고 앞으로도 계속 늘어날 것 같다. 박하는 지금도 먹거리 양념, 기분 전환 매개체, 각종 병의 치료제로 쓰인다.

박하의 종류는 30여 가지인데, 10세기에 어느 사제가 "박하의 효능과 종류를 열거하는 일은 홍해에 고기가 몇 마리 살고 있는지, 에트나 화산의 화구에서 흩날리는 분진이 몇 개인지를 헤아리는 것만큼이나 어렵다"고 고백했을 정도다. 아마도 연구하다가 마주한 박하의 엄청난 다양성에 머리가 아팠으리라. 박하는 서로 끊임없이 교배가 이루어져 새로운 종이 계속 생긴다. 품종에 따라 풍미가 다르고 생김새와 색, 형태도 다르다. 우리에게 친숙한 것들을 나열하면 다음과 같다.

페퍼민트Peppermint는 약간 매운맛을 가지고 있어 후추Pepper라는 이름이 붙었다. 후식이나 음료, 육류 요리에 사용한다. 스피어민트Spearmint는 껌, 사탕을 만드는 데 쓰는데 달콤한 맛과 상쾌한 향 때문이다. 오렌지민트(오데코롱민트)는 치약을 만드는 데 쓰이며 향긋한 방향제의 원료다. 그 외에 애플민트, 파인애플민트 등은 피로 해소제와 허브차에 쓰인다.

멘톨Menthol은 박하에서 추출한 물질로 우리 주위 어디에나 있다. 샤워장에 놓인 구강청정제와 샴푸, 비누는 물론 모기에 물린 데 바르는 향내 나는 크림에도 들어 있다. 근육통이 있을 때 바르는 크림과 파스에도 멘톨 성분이 들어간다. 냉장고 안에 있는 탄산수와 입 안을 상쾌하게 해 주는 은단류, 단맛이 당길 때 깨물어 먹는 사탕에도 있다. 그중에는 100년이 훌쩍 넘도록 사랑받는 상품도 있다. 멘소래담Mentholatum과 타이거밤Tiger balm이 그 주인공이다.

살아 계시다면 110세가 되셨을 우리 어머니는 외래어 발음이 부자연스러웠지만 '멘소래담'만큼은 정확히 발음하셨고 늘 옆에다 두고 거의 만병통치약처럼 사용하셨다. 피부나 근육 통증은 물론이거니와 두통, 위통에도 그걸 쓰셨다. 하기야 멘소래담이 처음 출시됐을 때가 1889년이니 어지간히 오래된 약이다. 미국의 약사인 앨버트 알렉산더 하이드Albert Alexander Hyde가 멘톨을 주재료로 삼아 연고를 만들었다. 나중에는 장뇌유樟腦油를 섞어 의료 효과를 높였다. 장뇌는 장뇌나무에서 추출한 기름이고 기침과 피부 가려움증에 효과가 있는 약재로 미국 식약처에서도 승인을 받았다. 우리나라 약재 및 한약재의 표준 규격을 정리한 《대한민국 약전외한약 규격집》에 수록되어 있으며 동의보감에는 "나창癩瘡(나병 부스럼)으로 열이 날 때 붙이고 향료에도 넣는다"고 소개되었다. 장뇌나무는 녹나무과에 속하는 나무로 껍질과 분말, 에센스 오일을 약재로 사용한다. 아시아 중국 남부와 일본 남부 등지에 자생한다.

멘소래담 연고는 우리나라에서도 인기를 끌었다. 제품 출시 후 100년이 지난 1988년에는 일본의 제약사 로토Rohto가 인수했다. 로토제약은 생산 기지를 중국 광둥성과 인도네시아, 태국에 세우고 왕성하게 사업을 펼치고 있다. 오랜 역사를 자랑하는 만큼 뉴욕주 버펄로에 있는 멘소래담 빌딩은 미국 국립 사적지로 등재되어 있다.

1970년대 싱가포르는 '아시아의 쇼핑센터'였다. 당시 중국은 자본주의와는 거리가 먼 '잠자는 나라'였고 일본을 제외한 다른 아시아 국가들도 변변치 못한 경제 수준에서 허덕이고 있을 때였다. 홍콩과 싱가포르는 생필품 유통 등에서 괄목할 성공을 거두고 있었다. 오죽하면 홍콩 신계新界 지역에 전망대를 설치해

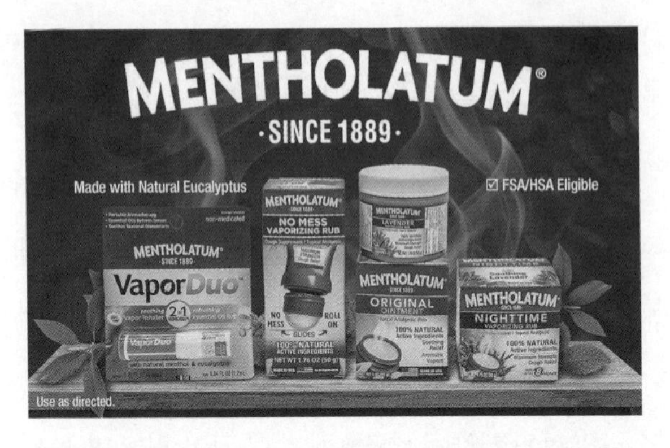

멘소래담 브랜드에서는 로션, 스프레이, 크림 등 여러 형태의 진통제 제품뿐 아니라 스킨케어, 립케어, 네일케어 등 뷰티 제품도 다양하게 선보이고 있다.

관광객으로 하여금 낙후된 중국을 구경하게 했을까. 아마도 지금 우리나라 통일전망대와 같은 모습이었지 않을까 싶다. 당시 홍콩은 중국을 탈출해 밀려드는 인구를 막기에 급급했고 운 좋게 탈출한 중국인들이 모여 사는 동네의 열악한 환경을 호기심 가득한 눈으로 지나쳤다. 그랬던 상황이 지금은 반대가 되어 버렸다. 그들이 깔보던 중국이 지금은 홍콩을 손바닥 위의 공깃돌처럼 부린다.

예전에 싱가포르의 공터에는 저녁마다 포장마차가 들어찼다. 성황을 이루는 그곳에서 매우 저렴한 값으로 국수나 덮밥을 먹을 수 있었다. 위생 상태가 좋지 않아 배탈이 나기 일쑤였지만 인기가 좋았다. 그런 곳을 현지에서는 '오픈 마켓'이라고 불렀다. 여행객이던 나는 홍콩을 여행하면서 중국 동인당同仁堂의 우황청

심환과 녹용을 샀고 싱가포르에서는 타이거밤을 샀다. 부모님에게 드릴 선물이었다. 미국에 멘소래담이 있다면 아시아에는 타이거밤이 있었다. 타이거밤은 작은 유리병에 담긴 짙은 향의 연고인데 여기저기 통증으로 고생하는 노부모님한테는 더없이 좋은 선물이었다.

타이거밤 연고는 '호랑이 연고'라고도 불리는데 멘소래담과 비슷한 성분의 통증 완화제다. 과거에 타이거밤은 육각형의 작은 유리병 속에 담긴 연고형 크림이었고, 멘소래담은 흰색의 납작한 플라스틱 용기에 담긴 에멀션Emulsion형 크림이었으나 지금은 두 제품 모두 다양한 형태로 출시되고 있다.

두 제품의 주요 성분은 멘톨과 장뇌다. 타이거밤은 유칼립투스 에센셜 오일과 노루발풀Wintergrass 오일을 함유하고 있고 멘소래담은 페트롤레이텀Petrolatum(바셀린) 같은 성분이 있다는 점에서 차이가 있으나 모두 통증 완화에 효과가 있어 쓰임새는 크게 다르지 않다.

타이거밤은 겉보기에 어쩐지 동양의 약처럼 보이는데 실제로 동남아시아 중국 화교가 개발한 연고다. 호胡 씨 성을 가진 중국인 후쯔친胡子钦이 미얀마 양곤(랑군)에 정착해 살면서 약국을 열고 예부터 중국 황실에 비방으로 전해지던 약이라며 연고를 개발해 팔았다. 앞서 미국의 하이드가 멘소레담을 만들어 팔 때와 시기적으로 비슷하다. 두 제품 모두 박하에서 추출한 멘톨과 장뇌를 주원료로 한 것이 우연의 일치인지 아니면 동서양 모두 그

타이거밤은 '호랑이 연고'라고 불린 탓에 '호랑이 기름'이나 '호랑이의 뼛가루가 들어간 약'이라는 오해를 받기도 했다.

재료들이 통증 완화에 좋다는 상식이 있었던 것인지는 알 길이 없다.

호 씨가 타계하고 그의 두 아들 호虎와 표豹가 사업을 이어받았다. 싱가포르로 이주하면서 생산 기지를 옮기고 시장을 아시아 전역으로 넓혔다. 싱가포르에 후바오 헬스케어Haw Par Healthcare라는 회사를 차리고 호랑이를 상표로 했다. '후바오'는 그들 형제의 이름인 호랑이虎와 표범豹의 영문 표기다. 이어 중국 광둥성, 홍콩, 인도네시아, 태국 등지에 자회사를 차리고 제품을 다양화했다. 오늘날 140여 개국에 수출하고 매년 2000만 개 이상 판매되는 명실공히 싱가포르의 대표 기업이자 상품이 되었다.

호불호가 뚜렷한 바질과 고수

미국을 여행하면서 가장 많이 먹는 음식은 무엇일까? 여행자의 주머니는 끼니때마다 유명 식당을 찾아다닐 만큼 풍족하지 않다. 여행자들은 저렴하고도 맛 좋은 음식을 찾는다. 그래서 제일 많이 먹은 음식이 버거와 샌드위치다. 수제 버거는 양도 많고 빨리 나와 시간에 쫓기는 여행자에게 안성맞춤이다. 잡화점General store에서 우리나라 것보다 곱빼기나 큰 샌드위치, 맥도날드나 버거킹의 버거 세트 메뉴, 아니면 서브웨이의 핫도그 샌드위치를 먹는다. 세트 메뉴에는 갈증을 해소할 시원한 탄산음료도 포함된다. 이런 음식에 질린다 싶으면 아시아 음식을 찾는다. 중국 식당에서 볶음밥, 베트남 국수, 태국의 카레 정도는 어렵지 않게 만날 수 있다.

중국 여행에서는 뭐니 뭐니 해도 국수, 일본은 라멘, 유럽은 샌드위치나 감자칩을 먹는다. 말레이시아와 인도네시아에서는 나시고랭Nasi goraeng이나 나시르막Nasi remak이 좋다. 나라마다 여행하면서 먹기 좋은 음식이 있다. 튀르키예는 케밥Kebab, 중동은 난Naan과 한 잔의 샤이茶, 인도는 로티Roti와 라삼Rasam, 한국은 김밥, 태국은 팟 카파오Phat kaphrao가 있다. 팟 카파오는 밥 한 공기와 잘게 썬 돼지고기나 닭고기에 생生바질Basil을 넣어 갖은양념과 함께 볶은 것을 토핑한 메뉴다. 태국인이 자주 먹는 대표 음식으로 강한 바질향이 특징이다.

나는 수원 원천저수지 호수공원에서 종종 바질을 구해 와 팟 카파오 요리를 해 먹는다. 아들과 며느리와 함께 먹기도 하는데 다행히 식구 중에 바질과 고수Coriander 향을 싫어하는 사람은

바질은 알싸하고 달콤한 향과 맛이 나는데 다른 향신료에 비해 강하지 않아 다른 음식 재료들과 잘 어우러진다.

없다. 그런데 호수공원에서 얻은 바질은 태국에서 일반적으로 많이 먹는 바질인 홀리바질Holy basil 또는 타이바질Thai basil과는 다른 스위트바질Sweet basil 종이다. 바질 또한 민트처럼 종류가 다양하다. 하기야 장소를 가리지 않고 잘 자라는 풀이니 잡종 교배가 일어나는 것도 다반사였을 테다. 스위트바질만 해도 종류가 하도 많아 외우기도 어렵다. 그래서 딱히 구분하지 않고 그냥 보통바질Common basil로 통칭한다. 그러나 자세히 보면 이파리 모양과 질감이 다르다. 표면이 반짝일 정도로 매끄러운 것도 있지만 대개는 민트처럼 표면이 거칠다. 구태여 종류를 열거한다면 아니스바질Anise basil, 시나몬바질Cinnamon basil, 다크오팔바질Dark opal basil, 레투스바질Lettuce basil, 퍼플바질Purple basil, 루빈바질Rubin basil, 글로브

고수는 그 향과 맛이 독특해서 호불호가 심한 향신료다. 일부 사람들에게는 비누, 세제, 빈대 냄새처럼 느껴지기도 한다. 그래서 '빈대풀'이라는 별명이 있다.

바질Glove basil 등이 있다.

잎을 따서 씹어 보면 맛이 거기가 거기인 듯 모두가 비슷한 향이 난다. 향에 민감한 사람이라면 마치 포도주를 감별하듯이 각각의 향들을 묘사할 수 있겠지만 평범한 사람들로서는 어려운 일이다. 다만 태국의 팟 카파오에 쓰는 홀리바질은 구별이 쉽다. 우선 줄기가 다르다. 보라색을 띠는 데다 이파리는 좁고 날씬하다. 향이 보통의 스위트바질보다 약하고 부드럽다. 다만 향신료에 익숙지 않은 한국인들로서는 그 향을 반길 이가 많지 않을 거라고 생각한다. 물론 내 기우일 수도 있다.

영국 식문화 혁명을 불러온 커리 파우더

영국 동인도회사 사람들이 인도에 도착하기 시작한 때가 17세기 초였고, 이후 상당수의 영국인이 이주했다. 영국은 18세기 중반에서 19세기 중반까지 거의 한 세기에 걸쳐 인도 전역을 정복하고 지배 체제를 갖추었다. 1820년, 마라타Mahratta 왕국을 복속하면서 대부분 지역을 직간접적으로 통치했고 1876년에는 동인도회사를 해체한 뒤 영국 정부가 직접 인도를 지배했다. 바로 빅토리아 여왕을 황제로 하는 '인도 제국'의 등장이다. 지금의 인도, 파키스탄, 방글라데시, 미얀마를 포함하는 거대 제국이었다.

이로 인해 어떤 변화가 생겼을까? 먼저 영국과 인도 두 나라의 역사를 한번 훑어보자. 인도는 고대 인더스 문명의 발상지이자 조로아스터, 불교, 힌두교 등 종교뿐 아니라 베다 철학, 수학,

천문학, 산스크리트어의 발원지다. 이에 비해 영국은 오랫동안 가난과 전쟁에 시달렸다. 산업 혁명 이전의 영국은 척박한 환경과 끊임없는 전쟁, 만연하는 각종 전염병 때문에 힘겹게 살았다. 상황이 그렇다 보니 일반 계층 사람들의 음식 문화는 당대의 인도를 비롯한 동양과 비교할 수 없을 정도로 열악했다. 주식이야 물론 빵이었지만 지금 우리가 아는 빵과는 전혀 달랐다. 흰색 밀가루는 일부 귀족 사회에서만 구할 수 있는 식재료였고 일반 계급은 보리나 호밀을 먹었다. 육류는 사냥으로 취한 비둘기, 토끼가 고작이었다. 영주만이 자기 봉토에서 사냥한 돼지를 먹을 수 있었으니 고기는 일반 농민들로서는 구경하기 어려운 식재료였다.

대항해 시대 이후 신대륙에서 가져온 감자, 고구마, 옥수수, 호박, 파프리카, 토마토, 고추 등이 식문화를 크게 바꾸었다. 그전에는 야생에서 구한 채소를 먹었다. 그러니까 채소는 희귀한 식재료였으며 식사는 일반적으로 빵에만 의존했다고 해도 과언이 아니다. 당연히 음식을 담을 그릇과 조리 도구, 포크나 스푼 같은 전용 도구는 존재하지 않았다. 식탁 중앙에 식구들이 나누어 먹을 스튜 등을 놓아두고 각자 딱딱한 빵을 접시 삼아 그 위에 스튜를 끼얹어 손으로 집어 먹었다. 음식을 맛있게 요리한다는 개념조차 없었으니 '양념'이 뭔지도 몰랐다. 어쩌다 고기를 구하면 그냥 삶거나 구워 먹었다. 비린내는 그대로였고 쉽게 상해서 버릴 수밖에 없었다. 그랬던 유럽인들이 후추라는 향신료를 만났을 때 어떤 기분이 들었을까? 매일 수많은 향신료로 특별한 맛과 향을 내는 음식을 먹는 인도인과 만났을 때 그들은 어떤 생각을 했을까? 유럽인들은 동양인들이 먹는 음식과 향신료는 물론 그들이 사용하는 그릇과 조리 기구에 금세 매료되었다.

동인도회사의 직원으로 인도에 파견되어 온 영국인들은 지배층 인사일 테니 현지인들의 수발을 받고 그들이 차려 주는 음식을 먹었을 것이다. 인도인의 주식은 쌀밥과 우리나라의 밀가루 전병과 비슷한 난과 로티다. 이들을 양념이 되어 있는 반찬과 함께 먹는다. 반찬은 닭이나 양의 고기 또는 콩류를 소금과 향신료에 비벼 맛을 낸 것인데 이러한 향신료는 영국에는 없는 귀한 식재료들이었다. 그러다 본국으로 돌아갔을 때를 상상해 보자. 인도 현지에서 먹던 음식이 그립지 않겠는가? 그들은 중독되다시피 한 인도 요리를 직접 만들어 먹고 싶었을 것이다. 실제로 많은 영국인이 인도에서 요리법을 배우고 식재료를 구해 갔다.

그런데 요리라는 게 하는 사람에 따라 그 방법도 맛도 다르다. 취향과 손맛이 다르다 보니 영국인이 현지의 인도 요리사처럼 맛을 내기란 쉽지 않았을 것이다. 그래서 이 시기에 영국에서는 요리책들이 등장했다. 요리사들이 각자 배우고 터득한 내용을 담았는데 수많은 향신료를 선별하고 적절한 비율을 정리했다. 나름대로 표준화가 필요했던 것이다. 그리고 이러한 노력의 결과물로 표준화 식재를 절구에 찧어 분말로 만들었으니 이를 '커리Curry(카레)'라고 명명했다.

향신료를 특히 많이 쓰는 종족인 타밀Tamil족이 쓰는 말 중에 비슷한 게 있다. 그들은 향신료 배합을 '카리Kari'라고 했는데 이걸 따라 한 것이다. 영국인들은 커리를 만들고 그 분말을 커리 파우더Curry Powder(카레 가루)라고 했다. 당시로서는 미리 만든 요리용 향신료 배합 가루를 가리키는 신조어였던 셈이다. 따라서 우리가 자주 사용하는 '카레'라는 말은 인도어가 아니라 영어다.

커피 라우더의 표준 레시피는 없다. 만드는 사람마다 다르지만 대체로 많이 쓰이는 향신료는 있다. 배합 비율도 기준이 따로 없다. 따라서 커리 파우더를 사려는 사람은 어떤 비율로 배합

커리 파우더는 강황, 사프란, 진피, 후추, 고추, 생강, 겨자, 회향, 정향, 육계, 계피, 육두구, 고수 등 다양한 원료를 배합해 만드는데 그 비율은 특별한 기준이 없어 만드는 사람에 따라 다르다.

되었는지를 확인하고 각자의 취향에 따라 판단해야 한다. 만약에 중요한 향신료를 이미 갖고 있다면 요리할 때 커리 파우더에 더해 맛을 조절할 수 있다. 음식의 맛이 커리 파우더로만 결정되지는 않는다. 식재료와 양념, 그리고 가루의 양이 적절하게 조화를 이루어야 맛이 좋아진다. 오늘날 커리와 함께 쓰이는 인기 있는 식재료는 고기다. 닭고기, 쇠고기, 양고기(머튼) 등인데 드물게는 돼지고기 커리도 있다. 양념은 주로 양파, 쪽파, 마늘, 토마토, 파프리카 등을 쓴다.

같은 요리라도 영국식으로는 치킨커리, 비프커리, 머튼커리로 표현하고 인도식으로는 치킨티카 마살라, 램 마살라와 같은 이름이 붙는다. 커리 파우더에 기본적으로 들어가는 필수 향신료는 대체로 고수 씨Coriander seed, 강황Turmeric, 쿠민 씨Cumin seed, 고춧가루, 생강Ginger 등이 있다. 여기에 마늘, 회향Fennel, 계피(시나몬과 카시아), 정향, 육두구, 캐러웨이Caraway, 후추, 카다몬Cadamom, 호로파씨Fenugreek seed, 겨자Mustard 등의 향신료를 추가하면 좋지만 없으면 안 넣어도 그만이다. 이 외에도 취향에 따라 다른 향신료를 추가해도 된다.

앞에서 소개한 예시가 절대적 기준은 아니지만 이 정도면 훌륭한 배합이라 할 수 있다. 다시 한번 강조하지만 나라와 지역, 요리하는 사람마다 향신료의 배합 비율은 달라진다. 그렇다면 오늘날 어떤 나라들이 요리할 때 커리 파우더를 쓸까? 우선 영국을 위시해 과거 영국의 식민지 지배를 경험한 나라들이다. 호주,

뉴질랜드, 남아프리카공화국, 인도, 파키스탄, 방글라데시, 스리랑카, 네팔, 미국 등이 커리 요리를 일상적으로 먹는다. 인도인들이 많이 이주해 살고 있는 아프리카 나라들과 영연방Commonwealth에 속하는 50여 개국이 여기에 포함된다.

오늘날 런던에만 4000개 이상의 인도 식당이 성업 중이라고 한다. 앞에서 열거한 나라의 상점에 가면 여러 종류의 커리 파우더와 커리 페이스트를 구입할 수 있다. 나는 스페인 중부 톨레도와 남아프리카공화국 포트엘리자베스Port Elizabeth에서 맛있는 '라이스 앤 커리'를 먹었다. 태국에도 인도 식당이 많아 종종 찾는데 특히 서양 관광객과 은퇴 거주자가 많은 파타야에는 태국 식당 다음으로 인도 식당이 많다. 미국 여행 때에는 여행비를 아낀다고 안달하느라 비싼 음식인 커리 메뉴를 구경도 못 했다. 인도의 가람 마살라와 영국의 커리 파우더는 거의 같은 향신료 배합물이지만 강황의 유무에서 차이가 있다. 커리 파우더에는 강황이 필수지만 가람 마살라에는 빠지기도 한다. 그러면 여기서 강황에 대해 좀 더 알아보자.

강황과
노란 밥

소싯적에 나는 사우디아라비아의 어느 부유한 현지인의 식사 초대를 받은 적이 있다. 아마도 리야드Riyadh, 아니면 담맘Dammam, 혹은 제다Jedda였을지 모른다. 왜 초대했는지도 기억에 없지만 당시 전통 의상인 칸두라와 스카프인 케피야 차림을 한 사우디 사람들이 많이 와 있었고 모두 한자리에 앉아 밥을 먹었다. 음식을 앞에 놓고 두 줄로 나란히 앉아 먹는 모양새였는데 주인은 중앙 상좌에 앉아 식사를 주도했다. 주요리는 통째로 찐 양고기를 밥에 버무려 놓은, 말하자면 양고기 백숙이었다. 손으로 고기를 뜯어서 밥과 함께 먹는 단순한 음식이었다. 그 나라 쌀은 우리 것과 달리 찰기가 없어 밥알이 사방으로 흩어진다. 어떻게 보면 게걸스러운 유목민의 거친 식사 풍경이었다.

생강과의 여러해살이풀인 강황은 약용할 때 덩이뿌리 부분을 울금(鬱金), 뿌리줄기 부분을 강황으로 구분한다. 강황에 많이 들어 있는 쿠르쿠민 성분은 간을 보호하는 작용을 하고 소화에 도움을 준다.

사방이 아랍어 천지였다. 알아듣지 못하는 말은 늘 시끄러운 법이다. 그럴 때는 신경을 쓰지 말고 먹는 데 집중하는 것이 현명한 처사다. 먹다 보니 노란색 밥알이 눈에 들어왔다. 당시에 나는 이슬람 문화나 음식에 대한 지식이 부족했고 요즘처럼 인터넷이나 여행안내 책자가 있는 것도 아니어서 그 이유를 알지 못했다. 당시의 나는 유럽의 여러 나라에서 가이드도 없이 손님들을 안내하며 다녔지만 사실 모르는 게 훨씬 많았던 시절이다. 밥 색깔이 왜 그랬는지 알게 된 것은 한참 후였다. 당시 내가 먹은 밥은 강황 가루를 넣어 지은 밥이었다. 그 후 스리랑카에서도 금빛의 노란 밥을 종종 먹었다. 중동, 북아프리카, 서남아시아, 심지어는 동남아시아에서도 흔히 강황을 넣어 노란 밥을 짓는다.

태국에는 두부에도 강황을 넣는다. 특유의 노란색은 강황에 든 쿠르쿠민Curcumine 성분 때문이다. 세계적으로 강황은 중요한 식재료이자 염료다. 아시아 동쪽 끝에 사는 한국인은 그런 밥과 색깔에 낯설지만 우리가 자주 먹는 생강은 강황과 가까운 작물이다.

생강과 강황은 식물 분류 체계로 볼 때 같은 백합강-백합목-생강과이고 속屬에서 갈라진다. 그 둘은 모양도 비슷한 뿌리줄기 식물로 옛날부터 알려진 약성도 거의 같다. 페놀 화합물Phenolic compound을 포함하고 있어 염증과 만성 통증 완화, 면역 기능 증진, 두통과 피로 해소 등에 좋아 수 세기 동안 약재로 쓰였다. 쿠르쿠마 롱가Curcuma longa로 불리는 강황의 원산지는 인도로 오늘날에도 세계 유통량 중 80퍼센트가 인도에서 생산된다. 강황은 인도 음식의 중요한 향신료로 생으로도 먹거나 말린 가루를 음식 조리에 사용하기도 한다.

함께 읽으면 좋은 책

가일스 밀턴, 손원재 옮김, 《향료전쟁》, 생각의 나무, 2002.

마크 애런슨·마리나 부드호스, 설배환 옮김, 《설탕, 세계를 바꾸다》, 검둥소, 2013.

만프레트 마이, 장혜경 옮김, 《상식과 교양으로 읽는 유럽의 역사》, 웅진지식하우스, 2008.

미야자키 마사카즈, 노은주 옮김, 《지도로 보는 세계사》, 이다미디어, 2005.

브라이언 캐틀러스, 김원중 옮김, 《스페인의 역사》, 도서출판 길, 2022.

장 마리 펠트, 김중현 옮김, 《향신료의 역사》, 좋은책만들기, 2005.

잭 터너, 정서진 옮김, 《스파이스》, 따비, 2012.

정한진, 《향신료 이야기》, 살림, 2006.